U0036227

解構理論
Deconstruction

楊大春/著

孟　樊/策劃

出版緣起

　　社會如同個人，個人的知識涵養如何，正可以表現出他有多少的「文化水平」（大陸的用語）；同理，一個社會到底擁有多少「文化水平」，亦可以從它的組成分子的知識能力上窺知。眾所皆知，經濟蓬勃發展，物質生活改善，並不必然意味這樣的社會在「文化水平」上也跟著成比例的水漲船高，以台灣社會目前在這方面的表現上來看，就是這種說法的最佳實例，正因為如此，才令有識之士憂心。

　　這便是我們——特別是站在一個出版者的立場——所要擔憂的問題：「經濟的富裕是否也使台灣人民的知識能力隨之提昇了？」答案

恐怕是不太樂觀的。正因為如此，像《文化手邊冊》這樣的叢書才值得出版，也應該受到重視。蓋一個社會的「文化水平」既然可以從其成員的知識能力（廣而言之，還包括文藝涵養）上測知，而決定社會成員的知識能力及文藝涵養兩項至為重要的因素，厥為成員亦即民眾的閱讀習慣以及出版（書報雜誌）的質與量，這兩項因素雖互為影響，但顯然後者實居主動的角色，換言之，一個社會的出版事業發達與否，以及它在出版質量上的成績如何，間接影響到它的「文化水平」的表現。

　　那麼我們要繼續追問的是：我們的出版業究竟繳出了什麼樣的成績單？以圖書出版來講，我們到底出版了那些書？這個問題的答案恐怕如前一樣也不怎麼樂觀。近年來的圖書出版業，受到市場的影響，逐利風氣甚盛，出版量雖然年年爬昇，但出版的品質卻令人操心；有鑑於此，一些出版同業為了改善出版圖書的品質，進而提昇國人的知識能力，近幾年內前後也陸陸續續推出不少性屬「硬調」的理論叢

書。

這些理論叢書的出現，配合國內日益改革與開放的步調，的確令人一新耳目，亦有助於讀書風氣的改善。然而，細察這些「硬調」書籍的出版與流傳，其中存在著不少問題，首先，這些書絕大多數都屬「舶來品」，不是從歐美、日本「進口」，便是自大陸飄洋過海而來，換言之，這些書多半是西書的譯著，要不然就是大陸學者的瀝血結晶。其次，這些書亦多屬「大部頭」著作，雖是經典名著，長篇累牘，則難以卒睹。由於不是國人的著作的關係，便會產生下列三種狀況：其一，譯筆式的行文，讀來頗有不暢之感，增加瞭解上的難度；其二，書中闡述的內容，來自於不同的歷史與文化背景，如果國人對西方（日本、大陸）的背景知識不夠的話，也會使閱讀的困難度增加不少；其三，書的選題不盡然切合本地讀者的需要，自然也難以引起適度的關注。至於長篇累牘的「大部頭」著作，則嚇走了不少原本有心一讀的讀者，更不適合作為提昇國人知識能力的敲

門磚。

　　基於此故，始有《文化手邊冊》叢書出版
之議，希望藉此叢書的出版，能提昇國人的知
識能力，並改善淺薄的讀書風氣，而其初衷即
針對上述諸項缺失而發，一來這些書文字精簡
扼要，每本約在五萬字左右，不對一般讀者形
成龐大的閱讀壓力，期能以言簡意賅的寫作方
式，提綱挈領地將一門知識、一種概念或某一
現象（運動）介紹給國人，打開知識進階的大
門；二來叢書的選題乃依據國人的需要而設計
的，切合本地讀者的胃口，也兼顧到中西不同
背景的差異；三來這些書原則上均由本地學者
專家親自執筆，可避免譯筆的詰屈聱牙，文字
通曉流暢，可讀性高。更因為它以手冊型的小
開本方式推出，便於攜帶，可當案頭書讀，可
當床頭書看，亦可隨手攜帶瀏覽。從另一方面
看，《文化手邊冊》可以視為某類型的專業辭典
或百科全書式的分冊導讀。

　　我們不諱言這套集結國人心血結晶的叢書
本身所具備的使命感，企盼不管是有心還是無

心的讀者，都能來「一親她的芳澤」，進而藉此
提昇台灣社會的「文化水平」，在經濟長足發展
之餘，在生活條件改善之餘，在國民所得逐日
提高之餘，能因國人「文化水平」的提高，而
洗雪洋人對我們「富裕的貧窮」及「貪婪之島」
之譏。無論如何，《文化手邊冊》是屬於你和我
的。

孟　樊

一九九三年二月於台北

序　言

　　解構理論的開啓者德希達對寫序言（前言）
提出過疑問：序言在文本之內，還是之外？本
序言的地位因而是不確定的。按我的意思，我
們可以暫時不理會這個疑問，因爲最後寫的序
言有義務對書的緣起和一些問題作些說明。

　　由法國哲學家德希達開啓，在美國文學批
評界產生深刻影響的解構理論已經成爲後現代
主義思潮的中堅力量。要把握這個時代的文代
傾向，顯然應當瞭解解構理論。因此，我接受
友人孟樊兄的邀請，並在他的鼓勵下，寫下了
這本有關解構理論的小書。

　　本書的研究對象在英文中叫作Deconstruction，原按大陸的習慣將書名叫作解構主義。但Deconstruction本來就是針對「主義」的，却反而又產生了一個「主義」，似乎不妥，故接受孟樊兄的主張，稱作解構理論，但是，這種稱謂也不是沒有問題的，我們的研究對象對理論不感興趣。我們雖然用了解構理論之名稱，但還是要提醒讀者，這種用法並不一定妥當。在讀完第一章後，細心的讀者或許會發現，給解構理論一詞打上一個×，即解構理論，乃是一個較好的解決辦法。

　　由於解構理論仍然處於發展中，我們的看法只能是暫時的，但讀者仍然可以從中看到其基本的面貌。由於該理論的複雜性，研究者們必然是仁者見仁，智者見智。只是疏漏和偏執不可避免，祈望各界前輩和朋友批評指正。

　　最後，我要感謝揚智文化公司出版此書的心意，並謝謝主編孟樊先生的精心策劃。

楊大春　謹序
1993年11月20日

目　錄

導　論

　　本書所謂的「解構理論」，主要指法國哲學家德希達的哲學理論和美國耶魯學派的文學理論。限於篇幅，本書主要從如下幾個方面著手研究：解構理論的基本特徵，解構理論的理論背景和代表人物，解構理論的閱讀方式，哲學、文學與人。本書的特點是著眼於閱讀，從讀者的立場，而不是作者的立場看待解構理論。

　　關於解構理論的基本特徵，主要是對解構理論進行一些限定，弄清其內蘊，勾勒其獨特的特徵。鑒於「解構理論」是拒棄系統化和理論化努力的，我們以描述和遊戲相結合的方式，「暫時性地」總結了解構理論的四個特徵：

(1)它主要關涉一種閱讀方式；(2)它超越了傳統的二值邏輯；(3)它力圖消除哲學與文學之間的界線；(4)它的概念別具特色。其具體內容則在本書隨後章節表現出來。

關於理論背景，本書主要分析了德希達與存在主義——人道主義（尤其是尼采、佛洛伊德、海德格）一線和結構主義——後結構主義一線的關係。筆者認為，解構理論是對這兩個對立的思潮的超越，同時却又是對兩者的佔有。耶魯學派則是德希達的理論與美國五〇年代末以來的批評狀況契合的結果。

關於代表人物方面，本書分析了德希德、德·曼、米勒、哈特曼、布魯姆等人的生平、著述和基本觀點，有助於後面兩部分的理解。

關於解構閱讀，筆者強調了解構批評家們對閱讀的重視。解構理論不是一種系統工程，而是具體的操作實踐，它包括了德希達的哲學史批評，耶魯學派的小說、詩歌批評。本書首先透過米勒的實例，分析了解構批評的雙重閱讀，接下來以德希達的閱讀為例，分析了批評

性閱讀的遊戲。

　　哲學、文學、人是解構批評必須面對的話題。筆者分析了解構理論對這三個話題的態度，具體分析了其關於「哲學的終結」、「文學的解放」和「人的死亡」的觀點。這些觀點都在具體的閱讀中體現出來。

　　最後，本書簡單地分析了解構理論對於現代西方文化所具有的普遍效應和它對於中國文化可能產生的效應，以及它給予我們的方法論啓示。

第一章
解構理論的基本特徵

一、如何確認解構理論

　　我們面臨的首要任務是對我們研究對象作出一些「規定」。對於一個頗有爭議的研究對象，這種規定就更爲重要了，當然，這是一個十分困難的任務。大致說來，英文Deconstruction涵括了我們所說的「解構理論」的全部內容。美國的解構批評家以及研究者通常都使用該詞，例如有Derridaian　Deconstruction, American Deconstruction等說法，有時也出

現 Deconstructive　Criticism 這種表達。Deconstructive　Theory則很少見到，Deconstructionism更無從說起。中文所說的「解構主義」和「解構理論」，事實上都譯自Deconstruction。我們的研究對象是極力要與「主義」(ism) 絕緣的，然而譯之為「解構」終歸不符合中文的習慣，故權且採用「解構理論」和「解構批評」這兩種說法。

　　我們所要研究的解構理論是兩棲的，既有哲學上的地位，又有其文學理論上的地位。當然，我們也不能忽視，它屬於人文科學的共同話語 (discourse)，在歷史、政治、建築、雕塑、繪畫、音樂等領域都產生了廣泛的影響。這種影響還在蔓延，許多批評家已經在嘗試將解構理論運用到自然科學領域中去。我們在本書中主要論及哲學和文學領域內的解構理論。

　　要真正將我們的研究對象稱為「解構理論」是有問題的。原因在於，德希達 (Jacques Derrida) 等人明確地抵制理論化傾向，主張淡化理論，拒絕承認自己是理論家。當然，我們

也可以辯解，例如，利用保羅‧德‧羅 (Paul de Man) 的說法，稱之為「抗拒理論的理論」。德希達最初的著作具有一定的理論色彩，但其宗旨在於從理論上說明，應當以遊戲的態度對待理論，理論應當讓位於遊戲。後來的著作逐步擺脫了理論色彩，完全沈緬於遊戲中。耶魯學派 (Yale School) 的批評家們喜歡稱自己的工作是一種操作或表演 (performance)，其意是說，解構批評不是一種抽象的理論，而是具體的批評實踐，更明確地說，是一種閱讀 (reading) 方式。德希達將自己比喻為「零雜工」 (bricoleur)，與「工程師」(engineer) 區別開來。「工程師」致力於形式邏輯、純粹科學、理論體系等工程學 (engineering) 的建設，而「零雜工」做的是一些零碎活 (bricolage)，利用現有工具和零星廢料，敲敲打打，修修補補。德希達等人的工作就是隨便挑選一本書，打開它，在其間尋找到一個或幾個不怎麼引人注目的詞，以之作為突破口和工具，在書中玩弄閱讀的遊戲。他們的著作因此不是理論建構，不

是系統工程，而是雜記、片斷，純粹的文字遊戲。

　　顯而易見，德希達處於黑格爾（Hegel）和尼采（Nietzsche）之間。黑格爾注重於建設，他建構了龐大的工程，尼采傾向於破壞，他摧毀了傳統的價值體系。德希達既不建設，也不破壞，他把整個傳統文化看作一個本文（text），讀它，參與到它的遊戲中去。因此，德希達等人並不屬於虛無主義（nihilism）、懷疑主義（scepticism）之列。他們對傳統的形而上學（metaphysics）已經厭倦，但他們也發現，虛無主義和懷疑主義只是以另一種面貌出現的「形而上學」，仍然屬於傳統的一部分。因此他明確地主張超出一切對立之外，讓對立的兩極在遊戲場中彼此過渡，相互轉化。希利斯・米勒（Hills Miller）寫道，「解構理論」既非虛無主義，亦非形而上學，而只不過是作為闡釋的闡釋而已。它透過細讀本文來清理出虛無主義中形而上學的內涵，以及形而上學中虛無主義的內蘊。但解構理論並不能擺脫兩者中的任

何一種，而只能在兩者間反覆運動。這樣一來，
解構批評就處於一種未定的中間地帶。

　　我們的研究對象抗拒理論，淡化中心和主
題，因而它沒有現成的理論框架，那麼，我們
如何對待它呢？我以為，對待解構理論可以有
兩種方式，一是總結並重構其理論體系，一是
以遊戲的方式對待之。第一種方式的理由在
於，不管解構批評是多麼地沈緬於遊戲，無意
於理論建樹，它總包含著一以貫之的東西，不
然就不會有Deconstruction這一旗幟存在，也
不會有團結在其下的一幫人。這種方式有著明
顯的優點，使我們能夠對解構批評有某種程度
的理解，知道解構是什麼，不是什麼。但它也
有缺點，容易回到傳統的作法中去，完全實證
地對待之，明顯地違背其本性，從而對解構批
評家是不公正的。第二種方式的理由在於，本
文總是處在自身解構中，解構自身亦是如此，
因而我們無從知道解構是什麼，不是什麼，我
們只能與解構批評家一塊兒參與到解構遊戲中
去。這種方式的好處在於，我們可以瞭解解構

批評的具體運作，因而可以了悟其神韻。解構批評家當然不希望讀者客觀地對待自己的作品，而希望他們參與進去。然而，這種方式於讀者顯然不公正，如果我不信仰這種理論，我就有權力拒絕參與遊戲，而且可以對它進行或主觀、或客觀的批評和指點。在本書中，我們採取一種折衷的方式，以總括其學說爲主，適當地雜以閱讀的遊戲，這樣，讀者藉由本書既可以初步地瞭解「解構理論」，獲得一些知識和訊息，又可以知其神韻，讓這種知識得以昇華，進而讓我們在閱讀中獲得輕鬆與愉快。

二、解構理論的基本特徵

　　解構理論由於抗拒理論，抗拒系統化，因此，要說它有什麼特徵的話，其首要特徵就是沒有特徵，因爲它要讓一切破碎，而它自己也處於破碎過程中。這種解構沒有盡頭，沒有最後的凝聚點。然而，多讀幾本解構批評家的書

也會發現其間多有重複性，其方法、風格多有類似，暫時地總結幾點是沒有問題的，於一般讀者的瞭解也是必要的，就像我們前面暫且同意「解構理論」這一稱謂那樣。

第一，解構理論主要與某種閱讀方式聯繫在一起。

解構針對的是本文，其整個內蘊、步驟、方法和獨特性都在本文的閱讀中體現出來。這樣一來，它就不是一種空洞的理論說教，而是直接面對批評的對象，它也不像傳統的批評和理論那樣具有規範和指導性質，它並不制訂什麼框架讓具體實踐符合之，相反，它根據具體本文進行具體的閱讀，進行細讀（close reading）。這種閱讀並不對「原文」說三道四，既不褒揚也不貶低，而是對它進行重寫，閱讀活動實際上是讀和寫的「雙重活動」（double activity）。讀者有權讀進自己的一些東西，可以引入其他人的東西，從而和原作者一塊兒創作。本文向閱讀開放，它不是固定的、封閉的，它是全面開放的，這就是德希達所說的閱讀中的嫁

接（grafting）方式。這一方式使得解構理論與傳統理論有了明顯的不同。

在〈柏拉圖的藥店〉（*Plato's Pharmarcy*）中，德希達認爲解構閱讀與兩種傳統閱讀方式明顯不同。他把對本文的閱讀比喻爲對本文的敲打（coup，該詞有許多歧義，如射擊、打擊、撞臀、擲一次、玩一次，各種工具或自然現象的動作，如此等等，用任何意義都可）。一種人不懂得嫁接遊戲，在這種敲打中，他感到自己有權力隨便增添自己的東西，但是，他並不能增添什麼東西，因爲敲打後的傷口根本受不了。而另一類人呢？由於受傳統影響過深，在方法上太拘謹，在具體操作中太客觀，因而不投入任何自己的東西，這種人顯然也不懂得如何閱讀。前一種人採取的是一種主觀的方式，第二種採取的是客觀的方式。德希達等人要求超越於這兩者之外，與此同時並不否認每一種都有其合理性。解構閱讀是一種「增殖」、「增添」，但它是本文自身解構造成的意義播撒（dissemination of meaning），因而是本文

和作者共同努力的結果。解構批評家常常將書
（livre）和床（lit）聯繫在一起，而將筆（pen）
與男性生殖器（pennis）聯繫在一起，因此閱讀
中的增殖是可以理解的了。

解構理論在傳統閱讀和解構閱讀間進行了
區分，前者包含在後者之中，但最終要求的是
解構閱讀，也即閱讀的遊戲。在第三章中，我
們將詳細地介紹和分析解構理論作爲一種閱讀
方式的基本含義。

第二，解構理論是對傳統的「非此即彼」
（either/or）的二值邏輯的超越。

按許多人的理解，解構理論傾向於破壞，
它反對傳統，妄圖顚覆之。然而，解構理論並
不那麼具有破壞性，它事實上是承認傳統的，
但它要按照一種新的邏輯來重新組織之。也就
是說，它主要地是把傳統的二值對立之間的筆
直的界線（bounding line）加以鬆動，讓其錯
位或脫臼，從而傾斜起來，於是就避免了兩極
之間的正面衝突，避免了一切形式的「anti
──」形式出現。於是，解構批評家並沒有建

構一種「反……主義」（antism）來推翻傳統，
不存在一種替代傳統理論的「新理論」。它實際
上就停留在對傳統理論的解構閱讀或批評中，
寄生於其間，讓它的各種因素都活躍起來，而
不是偏向一方；它停留在概念遊戲中，而不尋
找意義和目標。這樣一來，解構批評家一改叛
逆者形象，作為流浪漢出現。叛逆者違背原先
的靠山（家），總會尋找新的靠山（家），而流
浪漢不一樣，他無家可歸。但是，他哪兒都可
以棲居，一切都可以佔為己有，他佔有的是開
放的空間。

　　流浪漢有其開放的邏輯。美國學者、解構
批評家Barbara Johnson女士這樣說過：解構
批評陳述了一種「新邏輯」，它與傳統的二值邏
輯的非此即彼不一樣，它旨在發揮一種話語，
這一話語既不說「非此即彼」，也不說「兩者
……都」（both……and），甚至不說「既非此也
非彼」（neither……nor），但與此同時並不拋
棄如上邏輯中的任何一種。解構理論的如上「邏
輯」當然沒有「邏輯依據」，它什麼都沒有說明，

但却同時說明了一切。這表現出它對現存思想做出了「跳躍性的處理」，它並不要求「思想和表達的連貫性」，否則就會回到老路上去。

解構理論並不認爲存在著靜態的兩極對立，相反，它主張存在的是兩極間的運動。因此，在描述「解構」的特徵時，應當避免採用所謂的「anti——」式描述方式，諸如「反邏各斯中心主義」（anti-logocentrism）之類。最好用諸如「過度（渡）」這樣的表達，既表明了內部轉化運動（過渡），又表明了其超越性（過度）。德希達有時也會採用顚覆之類的詞，但顚覆不是目的。概念遊戲應當一直持續下去，而不是在對立面中尋找到最後的歇息。

第三，強調哲學與文學間界線的消失。

解構理論是一種閱讀方式，一種「本文理論」，正因爲此，解構的對象間就沒有什麼本質的不同，也就是說，解構批評針對的只是本文。「本文」在此具有廣泛的含義，一般而言，本文是指按語言規則結合成語句組合體，可以短至一句話，長至一本書；語句組合體的不同層

次的結構 (structure) 也叫本文。在後結構主
義 (post-structuralism) 那裏,則誕生了專門
的學科——「本文理論」,這種理論強調本文自
動的「能產性」,本文被看作是字詞「生成性的
作用場」。本文的外延是相當廣泛的,因爲後結
構主義本來就由不同的學科構成,例如德希達
的哲學本文,傅柯 (Michel Foucault) 的史學
本文,拉岡 (Jacques Lacan) 的心理學本文,
巴爾特 (Roland Barthes) 的文學本文等。這
些本文的共同點在於其語言性,閱讀並不針對
內容,而是針對其語言特點。哲學與文學本文
之間的界線尤其受到指責。在傳統意義上,哲
學與邏各斯、眞理聯繫在一起,文學與修辭、
情感聯繫在一起,前者主宰和指導後者。但在
解構批評家那裏,哲學已經失去了尊位,它並
不高高在上,它與文學擁有共同的領地,和文
學一樣是隱喻性的,也就是說,它們都被包含
在隱喻 (metaphor) 之中。而且,兩者是可以
相互嫁接的,可以用哲學說明文學,也可以用
文學說明哲學。這樣一來,傳統哲學終結了,

也就是說被超越了。在哲學終結的同時，傳統本文中包含的「人」，也終結了，也就是說，傳統意義上的人的概念已經不存在了。這將是我們在第四章中重點探討的問題。

　　第四，概念的獨特性。

　　解構理論在具體的本文閱讀中表現出來，但它並不像傳統的閱讀那樣按部就班，它力圖標新立異，找到某種突破口，而這種突破口尤其在概念的使用中呈現出來。解構理論所使用的概念，要麼是從傳統文化中繼承下來的，要麼是獨創的。解構批評家對傳統概念是心存戒意的，如德希達曾表示：「批評性閱讀，要求至少在其軸線上是偏離經典歷史範疇的，不僅是觀念史、文學史範疇，也包括哲學史範疇。」然而，在具體實踐中，他們又發現，這些概念又是不可少的，只有運用它們才能動搖它們自己所屬的傳統。解構批評家們似乎在運用一種內部突破的策略。當然，在運用這些概念時應當小心謹慎，德希達警告我們：「用原先熟悉的概念，但要警惕之，以免回到要解構的原先

　　狀態中去。要看到這些概念〔如符號（sign）〕都是在哲學史〔在場（presence）史〕的傳統內起作用的，仍然爲那種歷史所決定，這樣，解構的工作就不至於被誤解和看不出來。」

　　嚴格地講，應當給概念這一詞打一個「×」，即概念（concept）這是德希達從海德格那兒繼承來的一種手法，把一個概念寫下來又劃掉（under erasure），藉以表明，該詞是必要的，却不充分，從而只是暫時借用之；但是，這個寫下來又劃掉的詞顯然表明傳統的形而上學仍然在產生影響，它作爲痕迹（trace）始終產生作用。這種手法因而表明爲兩極對立的超越，它既不是完全接受該概念的內蘊及其體現的文化傳統，也不是完全拒絕之。對於獨創的概念也應當加上「×」，因爲解構理論的概念不是體現爲能指（signifier，或譯爲意符）和所指（signified，或譯爲意旨）的兩極對立，而是純粹的能指遊戲。傳統意義上的概念，表達的是思想內容，具有確定的意義，但解構理論中的概念並不表達思想內容，並不指向確定的

意義，它彷彿是一個「空殼」。

解構批評家們從傳統中繼承下來的概念（嚴格地說，不應當將如下的這些詞稱之爲概念）主要有「符號」、「痕迹」、「播撒」（dissemination）、「嫁接」（graft）、「處女膜」（hymen）、「盲點」（blindpoint）、「寄生現象」（parasitism）、「補充」（supplement）、「藥」（pharmakon）等，其中一些概念，如「符號」在傳統思潮中是核心概念，德希達「推陳出新」地啓用他們。另外一些概念則是傳統觀念中的「盲點」，如「藥」、「處女膜」之類，從前是難登大雅之堂的，現在卻堂而皇之地進入了「神聖的殿堂」。德希達獨創的一個則是分延（différance，或譯爲衍異）。如上概念具有許多共同性，甚至是可以通用的，其意義只能在幹零雜活所需的現存工具的使用過程中表現出來。在不同的本文中運用不同的詞更具有遊戲性，或者說這些詞的側重點有所不同。本書在不同程度上都將涉及如上概念，在此不妨以「分延」爲例，分析解構理論概念的獨特性。

　　德希達寫有長文〈分延〉,是文是他一九六八年一月二十七日向「法蘭西哲學協會」所做的一個報告,後來發表於同年的《法蘭西哲學協會通報》上,《哲學的邊緣》後來也收錄了此文。按德希達的說法,這篇文章不是探討一個詞或一個概念,而是談論一個字母,也即字母表中的第一個字母a,看把a塞入到差異(différence)這一法文詞中會有些什麼意味。他認為,a的置入顯然破壞了現有的一切語法規則,不存在différance一詞,別人只會將之看作是différence拼寫錯誤。人們通常會去減少或消除拼寫錯誤。但德希達則表示,他不僅默認這種失誤,而且要將它作為遊戲予以強化。

　　在différence中置入a而成的 ~~différance~~ 不是一個詞,也不是一個概念,它僅僅意味著來自不同方向的東西被捆綁在一起,它是一個矛盾體。啓用這樣一個「堆成的」東西,具有利用詞或概念所不具有的兩大優點:一是擺脫了通常要尋根究柢,查找其理論淵源和歷史發展線索的作法;二是表明了「分延」自身是一個

複雜的網絡，是由不同的意義線、力量線構成的。分延既沒有歷史的壓迫感，又是容忍異質性的。分延並不表達任何具體的意義，它表示的是意義的不定狀態：或是意義的增殖，或是意義的虧損。之所以說分延不是一個詞，不是一個概念，是因為我們用任何一個詞或概念都可以代替它。任何一個詞都處於「分延」狀態中，而「分延」自身也是分延的。

　　「分延」在德希達那兒是很有喻意的。該詞可讀，可寫，却不能被聽到，它不能在言談（聲音）中被理解，因為它與差異一詞發音一樣，寫法却有差異。在此，德希達要表明的是，文字並不是聲音的模寫，聲音並不比文字具有優先性，傳統上重聲音、輕文字的態度應當改變了。這一「a」實際上代表著「沈默無語」的文字，它彷彿來自金字塔（古埃及法老的墳墓在金字塔內），來自靜寂得可怕的墳墓。金字塔上刻有文字，內部則埋藏著專制君主，當我們刻寫（讀）碑文時，實際上在宣布專制君主的死亡。沈默的「a」宣布的乃是邏各斯中心論的

死亡，或者說沈默的文字殺死了言語之聲。通常以為，所有文字都是聲音的模寫，因而存在的都是語音文字（phonetic script），但德希達認為，任何一個單詞中都有自己的沈默的「a」，不存在純粹的語音文字，沒有非聲音因素的作用，語音部分是不可能獨立地發揮功能的。

　　「分延」不具有存在性，它不在，它不是在場，他可以指向一切不是（存在）的東西。也因而可以指向一切東西。它沒有本質，它不屬於任何本體論或神學範疇，它也因此不是任何東西的源頭。它只是對某種過程的參與，是純粹的遊戲，它表明了遊戲沿著差異的兩個方面的含義展開。法文difference（差異）的動詞形式différer具有幾乎完全不一樣的兩種含義。該詞來自於拉丁文differre，在英文中，這一詞變成兩個單獨的詞，即defer（延擱）和differ（區分）。分延表明差異沿著兩個方面展開，也就是說，它表明任何一個符號都只是區分和延擱的雙重運動。區分表明了空間的距

離，延擱則表示時間上的延誤。這已經表明了
符號的意義是不確定的，而這一運動的進一步
展開使得「時間空間化」和「空間時間化」，或
者說，在延擱中產生區分，在區分中產生延擱，
進一步地產生意義的播撒。

　　如上幾點，只是對解構理論一些較爲明顯
方面的總結，由於解構自身的解構性，我們的
總結只能是暫時的，而不是定論。

第二章
理論背景與代表人物

一、解構理論的理論背景

　　由於我們主要涉及哲學和文學領域內的解
構理論，因此，我們將主要探討該理論在哲學
和文學理論方面的背景。簡單地說來，德希達
的解構理論起源於他對現象學——存在主義和
符號學——結構主義之間的論爭的超越姿態。
而美國耶魯學派的解構批評則是一批批評家運
用德希達理論對抗新批評而產生的碩果。

　　首先，我們來簡略地看看德希達所接受或

抗拒的影響。

第二次世界大戰期間，法西斯主義在歐洲瘋狂地迫害猶太人和其他有色人種，剝奪人們的自由和權力，摧殘人性和人的身心。法國為納粹德國侵佔，深受其害，因此，主張自由、自我選擇、自己負責、人權的德國存在主義在二次大戰期間和戰後被引進法國，並獲得巨大的發展。一般而言，存在主義在德國仍然具有很強的理論色彩（大抵是承襲了德國的思辨傳統），而法國存在主義却與社會政治現實密切結合，在二次大戰期間成為抵抗法西斯主義的一種強有力的武器。存在主義的巨頭讓‧保羅‧沙特（Jean Paul Satre）就是最著名的抵抗人士之一，以存在主義哲學和文學為手段，宣傳其人學主張。二次大戰以後，這種人學思潮繼續得到發展，在全世界，尤其是歐洲，產生了十分深遠的影響。整個人類都在反思：人應當有行動的自由和權力，但他應當為自己的行為負責。按照德希達的說法，二次世界大戰以後，主宰法國社會的主要是人道主義（humanism，

也譯人本主義)。除存在主義外，還包括人格主
義 (personism)、價值哲學 (philosophy of
value)、新馬克思主義 (Neo-Marxism) 等，
這種種思潮都起源於對黑格爾 (Hegel)、馬克
思、胡塞爾 (Edmund Husserl) 和海德格
(Martin Heidegger) 採取的一種人類學閱讀
方式。沙特的存在主義是這一時期的人道主義
的集中表達。

　　結構主義在存在主義之後並作為其對立面
出現。在六十年代中期的法國，社會學家、文
化人類學家李維斯陀 (Claude Levi-
Strauss)，哲學家、文化思想史家傅柯 (Michel
Foucault)，精神分析學家拉岡 (Jacques
Lacan)，新馬克思主義者阿杜塞 (Louis Alth-
usser)，文學理論家、符號學家巴爾特 (Roland
Barthes)，文學理論家、哲學家德希達等人，
在短短幾年內在各自的研究領域內發表了許多
作品，形成一股強有力的思潮，迅速地取代了
存在主義在法國的統治地位。這種轉變的標誌
是一九六二年李維斯陀的《野蠻人的心智》

（*The Mind of Savage*）的發表，該書的最後一章名爲「歷史與辯證法」，矛頭直接指向沙特兩年前發表的《辯證理性批判》。

存在主義在西方文化傳統中只看到了人，人道，因此其基本的概念是「主體」（subject）、「自我意識」（self-consciousness）、「個人」、「存在」（being）、「本質」（essence）、「歷史性」（historicity）、「人道主義」等。而結構主義則認爲，人已經在歷史舞台上待得夠久了，現在是他退出這一舞台的時候了，它因此針鋒相對地提出了「移心化」（decéntrement）和「結構」（structure）、「模式」（pattern）、「意指作用」（signification）、「反人本主義」（anti-humanism）等等概念。兩者明顯地互相對立：存在主義傾向於個人與主觀性，結構主義注重結構和客觀性，或者說，前者要進行的是「此在分析」（Desein-analysis），後者尋找的是「無意識結構」（unconscious structure）。

從表面上看，存在主義和結構主義彼此間是難以通達的。但是，隨著兩派各自陣營中產

生的分化，這種「門戶之見」終於有了消除之日。首先，存在主義大師海德格明確反對沙特將自己的思想人道主義化，並由《存在與時間》(*Being and Time*) 時期強調此在 (Desein) 的優先性轉向後期對於語言的重視，主張「語言是存在的家」，此在，或者說人只是語言的「看護者」，進一步地，他主張「天、地、人、神之間的大遊戲」。接著，結構主義者德希達、巴爾特等人也開始否定結構主義所堅持的固定結構、客觀結構觀，他們強調本文的能產性和遊戲對於結構的突破，也因而步入了「遊戲圈」。

　　德希達對待結構主義和存在主義之間論爭的方法是，從存在主義中讀出反人本主義來，而從結構主義中讀出人本主義來，這樣一來，兩者是可以轉化的。他並且因此認為，傳統本文中自然而然地包含著兩者，在這兩者間可以自由地遊戲。

　　在屬於存在主義、人本主義一線中，德希達主要接受了尼采、佛洛依德、海德格的影響，

這些人的有關觀念與結構主義的一些觀點的結合，促成了解構理論的誕生。

人們都知道，尼采是傳統哲學、文化和價值觀的叛逆者，他力圖摧毀西方形而上學大廈及其價值體系。然而德希達並不把尼采看作是一個虛無主義者，他並不打算從後者那裏借鑒其極端反傳統的作法，而是在其作品中欣賞其美學的、肯定的人生立場。人生是超越的、自由的，應當遊戲人生：「跳舞的雙足」和「跳動的鵝毛筆」。人生應當是充滿酒神（Dionysus）精神的，是運動著的，而不應當像修士那樣虔誠靜養。寫作也不是客觀描述或模仿，而是讓筆在跳躍中留下軌迹，德希達借尼采的話說道：「讓脚、讓思想、讓詞、讓筆都跳起舞來，靜止的生活是對神聖精神的真正冒犯，只有那些在運動中產生的思想才有價值。」德希達讓這種遊戲在本文閱讀中運作起來，於是結構敞開了。

佛洛依德的「精神分析理論」在西方世界一直持續地產生著影響，德希達對此也予以充

分重視。他將佛洛依德看作是一個力圖衝破傳
統形而上學之領地的人。在〈分延〉這篇著名
論文中，德希達將「分延」觀念與佛洛依德的
思想聯繫在一起，認爲在後者那兒已經具有了
如此觀念。我們在前一章已經表明，分延具有
「延擱」與「區分」兩種不同的含義，德希達明
確地承認：「分延的兩種顯然不同的價值在佛.
洛依德理論中聯繫在一起。」佛氏將一切對立都
作爲「分延經濟學」(Economics of Différan-
ce) 的延擱與區分的一個環節。對立的一方只
不過是有分別的或延誤了的另一方，亦即一方
區別並延誤另一方。這樣，雙方之間並不完全
是對立的，例如佛洛依德所說的「快樂原則」
與「現實原則」之間就體現了一種分延關係，
佛氏在其〈超越現實原則〉中寫道：「在自我
保護的自我本能影響下，快樂原則爲現實原則
所取代，後一原則並不拋棄最終獲得快樂的意
向，但它仍然要求並產生了推遲滿足的後果。
放棄獲得滿足的大量可能性，對不快樂的暫時
容忍作爲通向愉快的間接道路的一步。」

　　佛洛依德的「壓抑論證」被德希達用於說明書寫（writing）的被壓抑史。德希達的理論出發點是，傳統哲學是一種邏各斯中心主義，它抬高聲音（speech）貶低書寫；西方文化史（哲學史、語言學史等等）乃是對書寫的一部壓抑史。德氏認爲，儘管對邏各斯中心主義的解構不是對哲學史進行「心理分析」，但它默認了在理論上借用一些佛洛依德主義概念。當然，應當對借用的概念加上引號或打上「×」，用以表明這些概念仍然受到形而上學傳統的威脅。這樣，不能將邏各斯中心論的壓制簡單地等同於佛洛依德所說的壓制，因爲佛洛依德所說的壓制，只不過是總壓制下的具體行爲，一旦對書寫的壓制得以消除，具體壓制也就不再存在。

　　海德格是對德希達影響最重大的一位思想家，按學術界的一般看法，伽達默（H. G. Gadamer）和德希達的爭論（所謂德法之爭，解釋學與解構理論之爭）源自於對海德格的不同態度。伽達默繼承了《存在與時間》時期的海德

格思想，而德希達則繼承了海德格的後期思想，並用後期思想闡述其前期思想，使之向解構理論發展。伽達默仍然強調此在在場和交談（dialogue）的優先性，強調本文的可理解性，而且認為每個人都有著理解的「善良意志」。德希達則從後期的「天地神人」大遊戲觀念出發，揚棄了此在在場和聲音的優先性，不管作者還是讀者，都不存有理解的「善良意志」，他們都參與到遊戲中去，這樣本文就產生了意義的「播撒」，理解因此有了困難。伽達默實際上仍然處於傳統的封閉圈內，仍然承認結構的封閉性，德希達將「天地神人」大遊戲觀念與尼采的「跳舞」觀念嫁接到「結構」概念中，封閉由此被衝破了。

　　德希達的「分延」觀念實際上導源於海德格的「本體論差異」（ontological difference）觀念。如前章所述，德希達將沈默的「a」注入到「差異」概念中產生了「分延」。「本體論差異」是海德格哲學中最重要的一個觀念，它突出了存在與存在者（being and beings）之間

的區別。透過玩「a」的遊戲，德希達將「分延」看作是「本體論差異」之產生或運作。也就是說，「本體論差異」並不就是原初的區分，只有「分延」觀念才能揭示其產生或運作。這並不是指「分延」比「本體論差異」更原初，而是說，「分延」就是「本體論差異」之產生或運作本身。

　　德希達的「解構」概念源於對海德格之「摧毀」（destruction）概念的改造。兩者都是要對傳統思想進行「清算」，但是，後者透過「分解回溯」的步驟尋求起源，力圖恢復未受遮蔽的本真狀態，因而是思鄉的「遊子」，而前者呢？他不再尋找起源和本真狀態，他停留在遊戲過程中，因而是無家可歸的「流浪漢」。此外，海德格使德希達對傳統概念保持警惕，後者總是借鑒前者的方法，時刻給各種概念打上有形無形的「×」。德希達也總是提醒海德格的讀者應當注意此點。

　　德希達作為結構主義一員的經歷對其日後思想的影響也是相當巨大的，結構主義是一個

跳板。美國學者亞當斯（M. A. Adams）寫道：
「在其真實的意義上，德希達的解構哲學是對
李維斯陀的人類學的反叛。」他並因而進一步
指出：「解構理論是從結構主義，或更準確地
說，從結構主義的對立邏輯出發的。」結構主
義在六十年代中期戰勝存在主義並盛極一時，
然而好景不常，很快就遭到了來自內部的挑
戰。這種挑戰主要來自所謂的「太凱爾」（Tel
Quel）這一後結構主義團體。這是一個前衛派
文學理論組織，於一九六〇年成立於巴黎，它
出版同名的期刊，並組織叢書的出版。該派的
成員基本上是哲學家和文學理論家。其創立者
和組織者是文藝理論家索勒爾（Philippe Sol-
lers）及其妻子──女權主義文學理論家、符號
學家克里斯多娃（Julia Kristeva），主要成員
有德希達、傅柯、巴爾特、德勒茲（Deleuzeye）
和卡達里（Guattari）等。德希達和巴爾特是該
組織最著名的兩個成員。

　　德希達和巴爾特等後結構主義者發現，隨
著結構主義的發展，它自身的矛盾也進一步顯

示出來。結構主義雖然散佈在各種不同的領域中，但它們都遵循著索緒爾（Ferdinand Saussure）、雅克慎（Roman Jakobson）和喬姆斯基（Avran Noam Chamsky）的刻板的「語言學模式」，片面地強調能指與所指（signifier and signified）、形式與內容，表層結構與深層結構（surface structure and deep structure）、共時性與歷時性（synchronie and diachronie）之間的兩極對立；過多地強調了結構的靜態存在，把歷史的發展看成是結構性的變遷；強調聲音對書寫的優先性；取消中心却又把結構奉為新的中心；反對本文有統一意義，却又用固定的二元對立模式對一切問題加以解釋。凡此種種，使得結構主義走向了自我封閉和教條主義（dogmatism），結構主義差不多成了傳統的「邏各斯中心主義」和「在場的形而上學」（metaphysis of presence）的最後堡壘。後結構主義者向索緒爾和李維斯陀提出了挑戰，在他們看來，固定的、單一的意義是不存在的，結構的穩定性是不可能的，一切都應

當向遊戲開放，都可以開闢爲遊戲場。總之，對本文的不變的、有機的認識是不可能的，應當轉向多變的、零碎的認識。

羅蘭・巴爾特是一個善變的文學理論家，其後結構主義始於一九六八年發表的〈作者之死了〉（*The Death of Author*）一文，在該文中，他拒絕了作者是本文的起源、意文的源泉和解釋的唯一權威的傳統觀點，主張讀者可以自由地、從任何方向進入本文，他可以只關注意指過程（signifying process）而不必關注所指。一九七〇年發表的《S／Z》則是其後結構主義「經典操作」，它是對巴爾札克（Balzac）短篇小說《薩拉辛》（*Sarrasine*）的逐字逐句的研究。他把小說本文分解爲諸片斷，或他所謂的諸「字詞」（lexias），確定諸片斷所依存的諸代碼。整個本文就是各種代碼的交錯疊加，不可能尋找到固定的結構，一切都處於遊戲中，因此，我們不斷地看到意義的多重性而無法尋找到固定的、單一的意義。在此他區別了可寫的與可讀的本文（scriptible and lisible text）。可讀的本文讓讀者成為固定意義的「消費者」，而可寫的本文則讓讀者成為「生產者」。因此再度表明了作者意圖的消失和讀者的自由。在其一九七五年發表的《本文的愉悅》（*The Pleasure of Text*）中，巴爾特宣稱自己是一位享樂論者，在其接見採訪者時，他談到了「愉悅」一詞在其作品中的重要性，談到了他想「為某種享樂論負責」。在〈巴爾特自述〉中他問道：「對他來說，除了一股愉悅感之外還能是別的什麼觀念呢？」如果說《Ｓ／Ｚ》時期仍然是向後結構主義過渡中的巴爾特的話，《本文的愉悅》已經完成了這一過渡。我們不再關注本文的內容，不再關注其結構，我們在漂移、「在我們未關注全體之時」發現了愉悅，甚至是歇斯底里的狂熱。在這種狂熱中，敏感和放任的讀者不再追隨傳統意義，也不再向傳統的思想方式挑戰，他寫下自己的興趣和快樂，本文歸於可寫的行列。總的來說，巴爾特主張一種多元意義觀和「結構消融論」。巴爾特的如上觀點影響了德希達，而巴爾特差不多也

可以歸爲解構批評家之列。

　　不管德希達等人如何超越結構主義，他們仍然運用了它的許多成果。有些學者認爲，在索緒爾和李維斯陀那裏就已經具有了解構理論的許多觀念，這種看法無疑是對的。正是結構主義理論的「自身解構」爲後結構主義、解構理論的誕生提供了契機。十分明顯的是，德希達對結構主義沒有採取過直接批評的方式，而是通過其解構性閱讀讓結構主義生產出新意來。

　　對於西方哲學的發展歷程，一般認爲經歷了古代、近代和現代三個階段。第一階段是自然哲學，第二階段是認識論，而現代屬於語言哲學階段。的確，結構主義、後結構主義與解構理論都受著語言學（符號學）的強有力的影響，因此，解構理論的語言學（符號學）背景是不容忽視的。但是，由於語言學（符號學）涉及許多專門知識，而我們的篇幅又十分有限，因而我們在此不再述及。

　　其次，我們應當分析德希達的解構理論在

美國生根發芽的一般背景。前面的有關分析實際上也是對解構理論的總的背景的分析，現在我們應當進而分析它如何與美國的獨特理論狀況相適應。

　　解構理論除了在後結構主義陣營中引起一定影響外，對整個歐洲大陸似乎影響不大。詮釋學家伽達默曾有意於與德希達對話（論戰），但後者拒絕了，正因為此，解構理論也失去了一次機會，從總體上看，歐洲大陸的理論化傾向明顯抗拒解構理論。但是，德希達的觀點在美國却引起了強烈的影響。人們或許會問：美國為什麼會接受「解構」呢？這並不難回答：美國這片土地沒有受到根深柢固的傳統的影響，也不存在任何理論偏見，其多元論主張和實用主義精神與解構理論在一定程度上是合拍的。因此，在解構理論悄悄進入美國文學理論界時，它似乎並沒有被看作是外來的，人們對它反而有一種親切感、熟悉感。沒有被哲學同行當一回事的解構理論在文學理論界却異常成功，輝煌一時，想來也十分有趣。

　　在法國，解構理論在反叛結構主義的過程
中誕生，但解構理論與存在主義一樣很少影響
到美國文學理論界。美國批評界一般把實用主
義和德國古典哲學作爲自己的基礎，很少接受
二十世紀西方哲學的影響。解構理論和讀者反
應理論（reader-response or reader-oriented
theories）一樣，作爲對長期獨霸美國批評舞台
的「新批評」（New Criticism）的對抗而出現。

　　「新批評」是發端於英國而在美國發揚光
大的一種文學理論和批評方法。它由理查茲（I.
A. Richards）和艾略特（T. S. Eliot）開創於
二十年代，在第二次世界大戰前在英國產生，
繼而在四十年代、五十年代和六十年代由約
翰・克勞・藍塞姆（J. C. Ransom）、魏姆塞特
（W.K. Wimsatt）、克林思・布魯克斯（C.
Brooks）以及艾倫・泰特（Allen Tate）等人
在美國加以繼承和發揚。許多研究者都認爲，
新批評是英語世界對文學理論的主要貢獻。在
差不多半個世紀裏，它對美國和英國的文學敎
學的影響是壓倒一切的。新批評主張一種細讀

（close reading），但細節最終歸結到總體之中；它堅持認爲，文學與眞實世界有聯繫，認爲它有助於解決人類日常生活中的各種問題；跟結構主義相對照，它是經驗主義和人本主義的。美國學者Jonathan Culler曾經指出：「第二次世界大戰以後，新批評受到挑戰，甚至貶斥，但人們却難以全然置之不理。它的對立面不是怯怯縮縮地迴避它的影響，而是根本無法迴避，這足以說明它在美國和英國的大學中已經佔據主宰的地位。儘管它受到種種攻擊，儘管它缺乏有組織、有系統的辯護，然而，新批評在這一時期處於壟斷地位，說它對我們的文學批評和敎學具有決定性影響，似乎也並不爲過。無論我們宣稱自己具有什麼批評傾向，我們都是新批評派，因爲要擺脫文學作品的自足性、闡述作品統一性，以及細讀的必要性等觀念，實在是難上加難的事情。」在這一長段引文中，前面一大部分表明了二次大戰以後新批評的壟斷地位，後面則說明了其一般傾向。新批評的傾向及其壟斷地位顯然會引起不滿，因

而到五、六十年代開始出現各種新的批評運動、力圖動搖新批評的地位。

　　在眾多的新的批評運動中，傅萊（N. Frye）的科學的「神話批評」、盧卡奇（Lukács）的黑格爾化馬克思主義、普萊（Poulet）的現象學批評、法國的結構主義批評都各自登台表演過，共同為推翻新批評的霸主地位出過力。但德希達贏得了最終勝利。也就是說，在批評「新批評」的浪潮中，解構理論是異軍突起，後來居上。對於新批評的衰落，人們通常認為隨著一九五七年傅萊的《批評的解剖》（*Anatomy of Criticism*）的發表而終結。但其直接反叛來自於芝加哥學派批評，該派一九五二年成立，六十年代持續出版著作，由Ｗ・布思（Booths）寫的《小說的修辭學》（*Rhetoric of Fiction*），強調了小說批評中需要多元主義，矛頭直指新批評的一元論，而克瑞因（R. Crane）於一九六七年寫成的《人文科學的觀念》（*Ideas in Human Science*）第二卷，再度抨擊新批評的一元論，凡此種種，削弱了新批評的影響，

爲解構批評登台亮相打下了基礎。

　　讀者反應理論與解構理論幾乎同時向新批評發難，兩者都出現於六十年代末期，到七十年代趨於成熟。讀者反應理論的代表作有斯坦特斯‧費許（Stantles Fish）的《原罪的震撼：失樂中的讀者》（*Surprised by Sin: The Reader in Paradise Lost,* 1967）、賀蘭德（N. H. Holland）的《文學反應的動力學》（*The Dynamics of Literary Response,* 1968），而解構理論最初的代表作是德希達本人一九六六年在美國所作的〈人文科學話語中的結構、符號與遊戲〉（*Structure, Sign, and Play in the Discourse of the Human Science*）的演講的英譯，該文於一九七〇年發表於《結構主義論爭》（*The Structuralist Controversey*）中。一九七一年，保羅‧德‧曼發表了經典之作《盲視與洞見》（*Blindness and Insight: Essays in the Rhetoric of Comtemporary Criticism*），該書的出版表明，解構批評作爲一種批評運動正式在美國走向前台。

　　費許和德·曼在動搖新批評的地位的過程中貢獻的力量最多，他們兩個人分別發表了著名的論文〈讀者的文學：感應的風格學〉(*Literature in the Reader: Affective Stylistics*)和〈美國新批評的形式與意向〉(*Form and Intent in the American New Criticism*)，兩文都旨在推翻新批評的基本前提，前者揭示了新批評的「感應謬誤」(affective fallacy)觀點的錯誤，後者則揭示了其「意圖謬誤」(intentional fallacy) 觀點的謬誤。許多批評家和學者都認為，這兩篇論文具有重要意義，是美國文學理論的分水嶺。如果說新批評在五十年代就開始衰落了，但其末日只是因為費許和德·曼向其挑戰才真正來到。讀者反應理論在美國也很有市場，但解構批評影響更大。德希達自從其一九六六年的演講之後，在美國已經成了學術名流，解構理論在人文科學領域內被廣泛地接受。

　　新批評接受的是經典哲學的一些觀點，它與世界最新哲學的發展總是顯得格格不入，因

此它成了保守的象徵，這引起了一些來自內部
的不滿和反叛。德·曼是歐洲移民，對歐洲的
新觀念當然接受得很快，他先是接受了現象學
觀念，隨後又對結構主義、後結構主義產生了
興趣。德·曼當然知道，美國是一個強調自由、
實用和創新精神的民族熔爐，以解構理論的多
元論取代新批評是必然的。因此，他率先投奔
解構理論，隨後許多人群起響應，一場解構批
評運動轟轟烈烈地開展起來了。解構理論之所
以在美國站穩腳跟，是因為美國為它提供了良
好的土壤。在共同反對新批評過程中，多元論
的要求已經提出，解構批評只不過是強化了這
一觀念。有許多人認為，解構批評在美國不必
征服什麼，相反已經具有許多與之相近的東
西，其成功在於為已經存在的氛圍提供了某種
精緻的形式和合法的氣氛。這樣，解構理論並
未帶來一場革命，而是「坐享其成」。這種說法
並不準確，但也有一些道理，完全異質的東西
很難在異地開花結果。因此，美國的解構理論
並不純粹是「舶來品」，它是德希達的解構理論

與美國批評固有傳統的契合。

　　德希達的解構理論對於美國批評界的影響主要表現在兩個方面，正如美國學者、解構理論的反對者伊利斯（J. M. Ellis）所說：「在解構批評中主要有兩條線索，一條更直接地從德希達關於詞義的性質的觀念中──能指的無限制的、不確定的遊戲──衍生出來，它沒有另一條重要，後者從德希達的氣質、思維習慣和風格中衍生出來。」他顯然強調了「風格」方面的意義。但是，另一位反對者阿布拉姆斯（M. H. Abrams）則相反地認為，風格方面沒有理論方面（對傳統概念的顛覆）重要。實際上，這兩個方面都十分重要，尤以風格為甚。

二、代表人物簡介

　　限於篇幅，本節只是簡略地介紹德希達和「耶魯四人幫」（德‧曼、米勒、哈特曼和布魯姆）的有關情況：經歷、代表作、主要觀點。

此外，芭芭拉・約翰遜（Barbara Johnson）、
喬納森・卡勒（Jonathan Culler）等也是解構
理論的著名代表人物。

　　雅克・德希達（1930—　），法國哲學家、
文學理論家。他出生於非洲的阿爾及利亞的首
都阿爾及耳（Algiers）一個猶太人家庭，年輕
時在法國服兵役，並在那裏完成高等教育，隨
後留在巴黎高等師範學校教書。一九五六至五
七年曾到美國哈佛大學作訪問學者，曾先後擔
任約翰霍普金斯大學與耶魯大學訪問教授，在
東海岸的理智中心如劍橋、紐約、巴爾的摩很
有影響。他現在是法國社會科學院的研究員，
同時兼任美國厄灣加州大學客座教授，半年在
法國，半年在美國。

　　德希達出版的第一本書是他翻譯的胡塞爾
的《論幾何學的起源》，在其所寫的長篇〈導論〉
中差不多可以看出其日後思想發端之秘密。他
對當代文學理論產生巨大衝擊的是他一九六七
年同時發表的三部巨著：一本是對胡塞爾的現
象學符號理論的解構閱讀，書名叫做《聲音與

現象》（*Speech and Phenomena*）；接下來一
本是名爲《書寫與差異》（*Writing and Differ-
ence*）的論文集，探討的是哲學、文學、精神
分析與人類學中的書寫問題；然後是《論文字
學》（*Of Grammatology*），分析了西方語言和
文化理論對書寫的壓制，並勾勒了新的書寫理
論的方法論與理論輪廓。五年後的一九七二
年，德希達又推出三本巨著，一本是探討哲學、
語言學與文學「邊緣問題」的《哲學的邊緣》
（*Margins of Philosophy*）；一本是探討意義
嫁接、播撒的巨著《播撒》（*Dissemination*）；
另外一本是會談集《立場》（*Position*）。

　　一九七二年以來，德希達仍然保持強勁的
寫作形勢，並向各種領域擴展（除哲學和文學
外，還染指繪畫、建築等領域）。一九七四年發
表了本文嫁接和文字遊戲的「巨型蒙太奇」
（giant montage）《喪鐘》（*Glas*）。一九七六
發表了論尼采作品之風格的《馬刺：尼采的風
格》（*Spur: Nietzsche's Style*）和探討詩人弗
朗西斯・龐吉（Francis Ponge）之「署名」的

《符號海綿》（*Signsponge*）。一九七八年發表
了關於繪畫批評的論文集《繪畫中的眞理》（*La
Vérite en Peinture*）。一九八〇年發表《明信
片：從蘇格拉底到佛洛依德及彼世》（*La
Carte Postale: De Socrate à Freud · et au-
dé La*），這同樣是一部論文集，探討了佛洛依
德和拉康的精神分析作品，前面是一個虛擬的
書信體前言，前言中隨附一張明信片，描繪的
是柏拉圖在正寫作的蘇格拉底背後口授著（通
常的觀點是，蘇格拉底說，柏拉圖寫）。此外，
德希達還和一些建築師〔例如埃森曼（Eisen-
man)〕設計了一些解構式建築作品。

　　德希達最初接受的是哲學敎育，受黑格爾
的翻譯家和評論家讓·希波利特（Jean
Hypolitte）影響很大。後來他加入結構主義的
陣營中，進而成爲「太凱爾」團體的成員。德
希達並且一直是青年學生運動的關注者和參與
者。使他開始出人頭地的是一九六六年在美國
約翰霍普金斯大學的結構主義國際會議上的發
言，他以〈人文科學話語中的結構、符號和遊

戲〉的發言，向自己原先信仰的結構主義全面
發難，矛盾直指李維斯陀，與此同時，提出了
自己的解構理論。實際上，德希達在五〇年代
末到六〇年代中期就已經提出了自己的有關觀
點，例如《寫作與差異》的十一篇文章有八篇
在他的「發言」之前就已經單獨發表，而《論
文字學》和《聲音與現象》這兩部發表於一九
六七年的專著顯然已經醞釀良久，甚至可能在
發言前就已經寫就，因此，他在美國的發言更
具有「宣言」的意味，宣言之後，幾部巨著一
出版，德希達的地位也就奠定了。

　　德希達的解構哲學理論之所以在美國文學
批評界產生廣泛的影響，主要是由於「耶魯學
派」的功勞。該派主要由圍繞耶魯大學的一群
批評家組成。這些人原先大多是浪漫主義的研
究者，七〇年代開始集結，主要人物是德‧曼，
希利斯‧米勒、杰弗里‧哈特曼 (Geoffry
Hartman) 和哈羅德‧布魯姆 (Harold
Bloom)。在德希達的影響下，他們從不同方面
研究、傳播和提倡解構批評，使之在美國生根

發芽，並掀起一股強大的衝擊浪潮，在「人文科學話語」中產生了深遠和持久的影響。

　　解構批評在美國的繁榮呈現在如下事實中：德希達和美國的解構批評家寫了大量的專著在美國出版，寫了大量的文章登在專門雜誌上〔如《評價》（Diacritic）、《雕像》（Glyph）等〕；描述、評價、攻擊、辯護文章與著作不斷增長地出現在專門雜誌和其他雜誌上；從耶魯大學、約翰霍普金斯等中心發散，在各種層次上，它捕獲了大批的年輕的文學和文學理論教師，尤其是二、三十歲的人，這些人既是狂熱的信奉者，又是長期有用的播種機。

　　保羅・德・曼（1919—1983）出生於比利時的安特衛普（Antwerp），一九四七年移居美國，曾在書店和出版社工作過。一九五二年才開始成為大學研究生，一九六〇年獲哈佛大學博士學位，此後在耶魯大學教授法文和比較文學。德・曼的主要著作形式是哲學—文學理論論文，他的所有著作都是論文集：《盲視與洞見：論當代批評修辭學》（1971）、《閱讀的寓

意：盧梭、尼采、里爾克和普魯斯特的比喻語
言》（*Allegories of Reading: Figural Lan-
guage in Rousseau, Nietzsche, Rilke, and
Proust,* 1979)、《浪漫主義的修辭學》（*The
Rhetoric of Romanticism,* 1984)，以及死後
由Wald Godzich編輯出版的《抗拒理論》（*The
Resistance to Theory,* 1986)。此外尚有百餘
篇重要論文。

　　德・曼因爲出生在歐洲大陸，所以比其他
美國批評家受到歐洲大陸哲學的影響爲深。他
較早地提出了歐洲哲學對美國文學的意義問
題。他早期受沙特的存在主義的影響，後來轉
向由胡塞爾理論形成的現象學批評，最後極力
推崇德希達的解構理論，成爲美國解構批評的
中堅力量。

　　德・曼注重本文的自身解構。解構並不是
讀者或批評家給予本文什麼東西，而是促動語
言自己的能產性。本文是充滿歧義的，因此，
閱讀不可能指向單一的、確定的意義，他甚至
認爲，一切閱讀都是誤讀（misreading），因爲

在本文和批評之間總存在著轉喻（metonymy）的干擾。

　　在德·曼著作中，反諷（irony）概念與德希達的分延具有同等效用。反諷不僅僅是一種修辭技巧，而且是文學語言的本質特徵。而「反諷閱讀」則成為解構閱讀的基本方式，它力圖破壞一切系統的理解，不管是肯定的還是否定的理解都是如此。傳統批評要求區分出字面義（literal meaning）與隱喻義（metaphor meaning），而德·曼則認為，在字面義（語法上的）和隱喻義（修辭上的）之間很難作出區分，在所謂的反詰句中尤其如此，如他舉的一個例子：當阿爾克·邦克之妻問邦克是想從鞋孔上面繫他們的保齡球鞋還是從鞋孔下面繫時，他問道：「有什麼區別？」他的妻子顯然是一個比較單純的讀者，耐心地向他解釋了這兩者的區別。然而，這種解釋反而引起了邦克的憤怒，「有什麼區別」不是詢問區別，而是包含著「我根本不在乎區別什麼」這個意思，在此同一語法形式由於修辭的暗中作用使得邦克

和邦克之妻產生了互相排斥的理解：字面義詢問概念（區別），比喻義却否定了這個概念的存在。實際上，我們通常並不能做出這種區分，相反，它們同時存在，不知道哪一個更佔優勢，修辭作用使二值邏輯被懸擱了起來。

《盲視與洞見》旨在以「非系統化」的方式探討閱讀問題。他在這本論文集中分析了盧卡奇 (George Lukács)、賓斯萬格 (Binswanger)、布朗肖特 (Maurice Blanchot)、普萊特、德希達、海德格和布魯姆等人對閱讀的看法。德·曼聲明，他的旨意不在於一種批評理論，而是致力於探討一般文學語言，由於這個緣故，「揭示文學的作品與關於詩歌或小詩的純粹文學語言之間的通常區別被有意地弄模糊了」。同時也儘可能選擇一些既是文學家或詩人又是批評家的人的批評本文。德·曼認爲，文學作品是含義廣泛的，批評性作品也包含在內。之所以選擇批評性作品，是爲了向人們揭示「閱讀的複雜性」，詩歌之類不會自發地顯示出閱讀的複雜性，而批評家却時刻意識到了這

種複雜性。我們透過對批評家的實踐的考察，會發現非常複雜的閱讀情景，在所有這些人的閱讀活動中，都可以看到一種矛盾悖反，即他們的作為批評方法之基礎的理論觀念，和他們的批評分析的實際結果是不一致的，他們沒有意識到這種矛盾悖反，却得意於此。也就是說，他們最深刻的洞見是以他們的盲視為基礎的。不管是文學創作還是文學批評，其洞見都是建立在盲視基礎上的。德希達也避免不了這種情況。德希達在《論文字學》中把盧梭看作是西方邏各斯中心論的典型代表，並試圖透過對盧梭本文的解構來確立自己的解構理論的有關觀點，殊不知，盧梭的本文早就已經在自我解構了，德希達要表達的東西，盧梭已經成功地表達了。他顯然將盧梭的洞見當作了盲視，其結果是導致自己的盲視。

德‧曼的思想是十分豐富的，反諷的修辭學、否認文學與文學批評間的區別，本文的自我解構，抗拒理論，盲視與洞見間的辯論關係等方面尤其具有意義。在此不再一一細述。

　　希利斯·米勒（1928—　），生於維吉尼亞
州，先後在歐柏林學院和哈佛大學就讀，一九
五二年獲得哈佛大學博士學位。一九五三至一
九七二年在約翰霍普金斯大學任教，一九七二
至一九八五任耶魯大學教授，一九八六年至今
為厄灣加州大學教授，曾擔任一九八六年度美
國現代語言學會（MLA）主席。

　　米勒的學術生涯以一九七○年為界，在此
之前他深受日內瓦的現象學批評的影響，有《狄
更斯：他的小說世界》（*Charles Dickens: the
World of His Novels,* 1958)、《上帝的消失》
（*The Disappearce of God,* 1963)、《維多利
亞時代小說的形式》(*The Form of Victorian
Fiction,* 1968) 等著作發表。從一九七○年開
始他集中於對小說進行解構批評。米勒在耶魯
學派中一直是活躍人物，在德·曼於一九八三
年去世以後，他成為美國最著名的解構批評
家，他現在仍然與德希達共事，與後者一道，
把厄灣加州大學發展為解構批評的新中心。

　　米勒理論的基本點是認為，小說中充滿虛

構、隱喻和轉喻（fiction, metaphor and metonymy），它既鼓勵人們的正統閱讀，也會讓人們看到它是一種修辭方式，不斷地產生歧義，因而引發解構閱讀，其《論邊緣：當代批評的十字路口》（*On the Edge: The Crossways of Contemporary Criticism*）對華滋華斯（Wordsworthes）的一首抒情小詩的雙重閱讀（double reading）是一種典型的解構操作（具體內容詳見下一章）。米勒認為，由於語言是不確定的，一切閱讀最終都只能是「誤讀」。在他的批評著作中，他主張「變化、斷裂和時間」比「固定、延續和空間」重要，這顯然是對傳統批評的重大突破，讓一切都處於不確定中。

　　米勒的最主要作品是《虛構與重複：七部英國小說》（*Fiction and Repetition: Seven English Novels,* 1982）。該書的動機是想「設計一整套方法，有效地觀察文學語言的奇妙之處，並力圖加以闡釋說明」。米勒選擇了康拉德（Joseph Conrad）的《吉姆老爺》（*Lord*

Jim）、艾米麗‧勃朗特（Emily Brontë）的《咆哮山莊》（*Wuthering　Heights*）、哈代（Thomas Hardy）的《德伯家的苔絲》（*Tess of　the　D'urbervills*）和《親愛的》（*The Well-beloved*）、吳爾芙（Virginia Woolf）的《達羅衛太太》（*Mrs. Dalloway*）和《幕間》（*Between the Acts*）等七本英國小說進行解構閱讀，在其間發現了一系列重複出現的現象，由之出發，展開對整部作品的闡釋和分析。這樣的工作破壞了傳統閱讀的完整性，使意義的播撒與寄生有了可能。其名篇〈作為寄主的批評家〉（*The Critic as Host,* 1977）更帶「總結性」地分析了「重複」和「寄生現象」，文學作品之間，文學本文與批評本文之間不存在簡單的寄主（host）和寄生物（parasite）的區別，相反，寄生現象（parasitism）是普遍的，寄生物是客人又是主人，寄主也是如此。因此一篇文學作品是歷史上許多人共同創造的結果，也是所謂的原作者和讀者（批評家）共同創造的結果。這樣一來，本文在自身解構著，單一的、

固定的意義是不可能的。

　　杰弗里・哈特曼（1929—　）是美國當代最有影響力的批評家之一，出生於德國法蘭克福一個猶太人家庭，一九三八年因德國法西斯迫害猶太人而隨母親逃往英國，一九四六年遷居美國，一九五三年獲耶魯大學比較文學博士學位，其後在多所大學任教，一九六七年起任耶魯大學教授，並擔任英語系和比較文學系系主任，他最初是「新批評」的追隨者，後來加盟解構批評陣營。

　　哈特曼曾經是一位詩人，因而其多產的批評著作富有幽默感和鼓動性，具有詩歌的某些特徵。他是華滋華斯作品的主要解釋者，同時也廣泛涉及其他批評對象。他的主要作品有：《超越形式主義》（*Beyond Formalism,* 1970），《閱讀的命運》（*The Fate of Reading,* 1975）、《荒原中的批評》（*The Criticism in Wilderness,* 1980）和《拯救本文：文學，德希達，哲學》（*Saving the Text: Literature, Derrida, Philosophy,* 1981）等。

　　哈特曼否認存在著批評和「原初本文」之
間的界線，認為批評屬於文學範疇之內，而不
是之外。他把堅持傳統批評觀的人說成是「原
教旨主義者」和「基礎論者」，而樂於接受德希
達的批評性閱讀。哈特曼作品的一個特點是「合
法地剽竊」，由於任何作品都不可能是獨創的，
因而沒有所謂的「原文」，批評著作可以合理地
利用其他本文（文學的，哲學的……）編織自
己的話語，而且他可以任意地解釋、選擇某些
含義而壓制其他含義。作品中常常會出現沒有
很好地消化就引述的情況，而這種情況使批評
性作品走向複雜化，而這恰恰是批評家想要達
到的效果：批評性閱讀不在於揭示和產生連貫
的意義，而在於揭示矛盾和歧義，以讓小說或
詩歌在難以卒讀中被「理解」。文學、文學理論
都是「合法」或「不合法」拼湊的結果，都充
滿著矛盾和隱喻，因而實際上都是難以理解
的，因此他反對將解構理論向系統化和分析方
向發展。他最欣賞德希達的《喪鐘》，認為它是
解構批評的經典操作，正是該書讓他靠近了德

希達。

　　哈羅德・布魯姆（1930—　），原先是耶魯大學文學教授，後改任人文科學系教授。在其文學批評實踐中，他公開地使用轉義（trope），以使批評本文複雜化。儘管他和德希達等人一起撰寫了解構批評的宣言，即《解構與批評》（*Deconstruction and Criticism,* 1979），却自稱是「學術上的流浪漢」，不屬於解構派或其他派別，但他有時稱自己的思想是一種「逆反式批評」（Antithetical Criticism）或「實用批評」（Pragmatical Criticism）。

　　布魯姆著述頗豐，如《影響的焦慮》（*The Anxiety of Influence,* 1973)、《誤讀的地圖》（*A Map of Misreading,* 1975)、《神秘哲學與批評》（*Mystic Philosophy and Criticism,* 1975)、《詩歌與壓抑》（*Poetry and Oppression,* 1976）等。此外，由他主編了《批評世界》（*The Critical Cosmos*)、《批評家的藝術》（*The Arts of Critic*)、《現代批評闡釋》（*Modern Critical Interpretation*）和《現代

批評觀》（*Modern Critical View*）等批評文集，總數達數百卷，分別論及各種文學思潮、文學批評思潮、著名作品和著名作家。他本人為每一卷寫有前言，這是一項宏偉的工程。

　　布魯姆不怎麼看重本文性，他仍然把文學看作是一個特殊的研究領域，尤其注重詩評。他對詩的傳統和詩論的傳統持否定態度。在他看來，後來的詩人就像一個具有奧底帕斯情結（Oedipus Complex，戀母情結）的兒子，面對著「詩的傳統」這一父親形象。兩者絕對對立，後者企圖壓抑和毀滅前者，而前者則試圖用各種有意識和無意識的「誤讀」方式，即所謂的「修正比」（revisionary ratios）來貶低前輩詩人和否定傳統的價值觀念，從而達到樹立自己的詩人形象的目的。具體地講，他大膽地將轉義理論、佛洛依德心理學和希伯萊神秘主義結合起來，用以解釋西方的「強者詩人」之間的關係。他認為，自彌爾頓（John Milton）這位主觀詩人以來的詩人都由於有他們是遲來者這一意識而受苦（產生一種對影響的焦慮）。

由於他們是後來人，他們害怕前輩詩人（父親）已經用完了一切可以利用的靈感，他們體驗到了奧底帕斯對父親的仇恨，對父親的否定的絕望情緒。但由於這些詩人是「大師級」的，他們通過「誤讀」前輩大師來產生新的解釋，贏得屬於自己的空間，並在其間產生自己的靈感。如果不通過誤讀的方式對前驅進行侵略性的爭奪，傳統就會窒息一切創造性。

　　布魯姆認為，強者詩人透過單獨或連續採用六種心理防禦機制來應付對於影響的焦慮。這些防禦機制在他們的詩歌中作為轉義出現，它們允許詩人從父親的詩中背離。這六種防禦機制或轉義是反諷（irony）、提喻（synecdoche，或稱舉隅法）、轉喻（metonymy）、夸飾（hyperbole／litotes）、隱喻（metaphor）與進一步轉喻（metalepsis）。布魯姆進一步地用六個經典詞彙來描述父子詩人間的六種關係，分別是「克里納門」（Clinamen）、「苔瑟拉」（Tessera）、「克諾西斯」（Kenosis）、「魔鬼化」（Daemonization）、「阿斯克西斯」（Askesis)、「阿‧波弗里達斯」（A‧Pophrades）。

「克里納門」是哲學家盧克萊修（Titus Lucretius Carus）的用語，指原子的偏離。詩人偏離他的前驅，亦即詩人透過誤讀前驅的詩篇，以引起相對於這首詩的偏離，這在詩人本身的詩篇中體現爲一種矯正運動。

「苔瑟拉」即片斷，詩人把先驅的詩的素材看作是一種碎片或片斷，需要後繼者以對偶的方式給予最後的潤色和完成。

「克諾西斯」是一種粉碎他物的工具，該詞取自聖‧保羅，指的是基督自我放棄神性，接受從神到人的降級。布魯姆用以指「一種旨在打碎與前驅的連續的運動」。

「魔鬼化」指朝向個人化了的「逆崇高」運動，是對前驅的「崇高」的反動。該詞取自於其新柏拉圖主義含義：一個既非神亦非人的中間存在附到新人身上來幫助他。

「阿斯克西斯」是指一種旨在達到孤獨狀態的自我淨化運動，新人放棄自身的一部分人性的想像力天賦，從而把自己和他人（包括前

驅）分離開。

　　「阿‧波弗里達斯」即「死者的回歸」，新人在其最後階段深受唯我主義的想像力孤獨的重負之苦，現在他打算將自己的詩作全然徹底地向前驅的作品開放：前驅的詩在我們眼中彷彿不是他們自己寫的，倒是遲來者詩人寫就了前驅詩人那頗具特色的作品。

　　布魯姆尤其注意華滋華斯、雪萊（Shelly）、濟慈（Keats）和丁尼生（Tennyson）等人的浪漫主義「危機詩歌」。每位詩人都竭力創造性地誤讀其前驅，每一種詩都經歷了修正階段，而每一階段都在運用如上各種修正比，有時是單用一種，有時是數種一起用。例如雪萊的〈西風歌〉（*Ode to the West Wind*）就是對華滋華斯的〈不朽〉（*Immortality*）的創造性誤讀，第一、二詩節運用的是「克里門納」和「苔瑟拉」，第四詩節運用的是「克諾西斯」和「魔鬼化」，第五詩節是「阿斯克西斯」和「阿‧波弗里達斯」，如此等等。

第三章
解構閱讀概述

一、雙重閱讀

　　我們在前面已經提出，人們一般傾向於將解構理論理解爲一種「閱讀方式」，也就是說是對「本文」進行閱讀和解釋的一種方式。解構理論是「消費社會」的產物，是「消費文化」的一部分，表現了現代理智生活的一般傾向；「消費」書籍，「享受」書籍。重要的不是建構什麼新理論，而在於閱讀，閱讀，讀傳統（文學傳統、哲學傳統……）這本大書，從中讀出

新的東西來，讀出更多的東西來。我們過去習慣於看重知識，被動地（灌輸式地）或主動地（啟發式地）接受知識，希望用知識去改造自然、改造社會。現代社會不同了，讀書不是手段，它就是目的，讀書獲得的是「本文的愉悅」。

　　德希達閱讀的大多是哲學作品，而耶魯學派的批評家們則以閱讀小說和詩歌為主。德希達所讀作品是十分廣泛的，涉獵了從柏拉圖到黑格，從尼采到海德格爾，從結構主義到後結構主義的諸位大師的作品，其間也不乏文學作品，或者是將文學作品與哲學作品嫁接到一起閱讀；耶魯批評家們則涉及了英美文學史和文學批評史上的諸多作家、詩人和評論家，如華滋華斯、雪萊、狄更斯、哈代、盧卡奇等等。

　　德希達所寫著作都是閱讀某一位或幾位哲學家的作品的產物。《寫作與差異》由十一篇論文構成，其間閱讀的大師有：現象學家胡塞爾和列維那（E. Levinas）、精神分析學家佛洛依德、結構主義者李維斯陀和傅柯、古典哲學家黑格爾。《聲音與現象》閱讀的則是胡塞爾。《論

文字學》的一部分是對索緒爾、李維斯陀的閱讀，而重點則在於閱讀十八世紀著名啓蒙思想家盧梭。《哲學的邊緣》閱讀了（探討了）海德格、黑格爾、盧梭、索緒爾和日常語言哲學家奧斯汀（J. L. Austin）的哲學的「邊緣」。《播撒》由三個長篇論文構成，首先閱讀的是大哲柏拉圖的《斐德羅》（*Phaedrus*），然後是對柏拉圖的名篇《菲力布斯》（*Philibus*）和現代派作家馬拉美（Mallarme）的《模仿》（*Mimque*）進行的嫁接閱讀，最後閱讀的是太凱爾團體首領索勒爾的《數目》（*Number*）。《喪鐘》則是對黑格爾和讓‧熱奈（Jean. Genet）進行的嫁接閱讀。《馬刺》讀解了尼采的作品之風格，《論精神》（*Of Spirit*）則解構了海德格的精神概念。《符號海綿》（*Signsponge*）是對詩人弗朗西斯‧龐吉的「署名」的閱讀。

　　耶魯學派深受德希達獨特風格的影響，但他們主要關注的是文學本文。德‧曼的《盲視與洞見》、《閱讀的寓意》等書，專門探討了對於文學本文（包括文學批評）的閱讀問題，涉

及了許多既是作家又是批評家的人。米勒一直
在對具體作家進行批評研究，其《虛構與重複》
是對英國小說史上七本著作的閱讀。德‧曼和
米勒分別對華滋華斯的一篇小詩的閱讀令人叫
絕（後面將分析之）。哈特曼同樣是讀解華滋華
斯的高手，並且有意地「剽竊」傳統本文中的
素材以構織自己的本文。布魯姆對於批評性地
閱讀傳統本文甚有興趣，他關注詩評，寫了多
本書談論詩人們對自己受到的影響產生的焦
慮。他所主編的數百卷批評文集分別是對歷史
上最著名的詩歌和小說的閱讀。

　　德希達和耶魯的解構批評家們進行的閱讀
並沒有什麼固定模式，他們唯一聲稱的是要超
越傳統的批評，這主要表現在他們力圖找到一
些「邊緣」（德希達用語）或「盲點」（德‧曼
用語），以之作為媒介，從中發現閱讀有多種可
能性，而本文在自身解構著。

　　為了把讀者引導到對「邊緣」的重視，解
構批評家們區別了傳統閱讀和解構閱讀，認為
它們是兩種截然不同的閱讀方式，前者是重複

性閱讀（repetitive reading），後者是批評性
閱讀（critical reading）。在〈人文科學話語中
的結構、符號和遊戲〉一文中，德希達就已經
提到了這兩種閱讀或闡釋方式，他認為，一種
尋求的是譯解（to decipher），夢想尋找到眞理
或者源泉；另一種不再關注眞理，不再尋找源
泉，它只肯定閱讀遊戲。也就是說，前一種致
力於對本文進行客觀的解釋、複述，後一種則
以遊戲的態度對待本文，客觀性消失了。

　　儘管解構批評家們明顯地傾向於解構閱讀
或批評性閱讀，但他們並不對傳統閱讀漠然置
之。專家們一般都認為，這兩種閱讀或解釋同
時包括在解構批評之內。這就是所謂的雙重閱
讀（double reading）。在解構批評中為什麼會
存在這種雙重閱讀呢？答案是很簡單的：解構
總應有其可供解構的對象或解構的目標，這就
迫使解構理論必須預先重構（重複）它所要解
構的對象，也就是說要樹立一個批評的靶子，
在此，重複、重建、恢復或者說解釋傳統的工
作開啓了，這使得解構批評家不得不仿效傳統

批評家的工作。這就是第一重閱讀即傳統閱讀
的工作。在此基礎上，第二重閱讀，即批評性
閱讀有了可能，因爲有解構的對象了；同時也
有了必要，因爲不進行這第二步的工作，就會
停留在傳統批評之內。第二重閱讀旨在顛覆二
元對立的等級制，並開啓本文的遊戲。

　　德希達和耶魯學派的批評家們是雙重閱讀
的忠實踐履者。在某種意義上可以說這兩重閱
讀相當於解構批評的兩個步驟。阿布拉姆斯這
樣寫道：「如果我們忽略德希達對一般哲學本
文的解構同時包括兩種解釋模式，並且是有意
地雙重閱讀──可以把它們分別命令爲閱讀一
和閱讀二，它們是不可分的，即使它們是不可
調和的，有時也是一致的，相互依賴的──就
會誤解了德希達的步驟。」因此，所謂的雙重
閱讀使得解構批評有一定的步驟可循了。

　　閱讀一是解構批評家與傳統批評家共同享
有的，它是不可缺少的一個步驟，如果沒有它，
如果本文不是在傳統意義上可讀的，解構批評
就無從下手，也沒有必要進行解構。德希達等

人因此是承認傳統批評的。德希達在《論文字學》中寫道：「重複性批評在批評性閱讀中無疑有其地位。當然承認和尊重它的所有經典闡釋是不容易的，而且需要一切傳統批評的工具，沒有這種承認和尊重，批評性生產將有著漫無邊際發展的危險。」批評性閱讀具有生產性，但它總有其媒質，不然就不會有播撒和增殖，於是重複性閱讀作爲媒質具有了一定的限定作用。

閱讀一作爲一種解釋，其立意不是創新，它力圖發現的是本文是可讀的，可理解的，讀者可以與作者溝通，透過一種普遍適用的方法，本文確定的意義是可以找到的。然而，閱讀二作爲批評性閱讀却不這樣，它無意於與作者對話，相反，它認爲讀者和作者沒有嚴格的區分，他們實際上共同具有讀者和作者雙重性。作者面對作爲本文的自己作品時並沒有優先性和權威地位，他也只不過是一位普通讀者，因爲作品並非其意圖的產物。而讀者呢，也並非是被動的，當其閱讀本文時，實際上是

在和作者一塊兒創作，這就是所謂的「閱讀中的讀與寫雙重的活動」。原文和確定的意義是不存在的，閱讀出的總是新穎的東西，因此傳統閱讀所讀出的確定意義產生了播撒。解構理論重視第二重閱讀。第一重閱讀雖然被納入到解構批評中，作為其一個必不可少的「戰略步驟」（strategic step），但它畢竟只是最初的階段，只是暫時性的環節（moment），只有第二重閱讀才能發現傳統本文中還有許多有待發掘的東西〔盲點或空白（blankness）〕。實際上，第二重閱讀通過細讀才發現了這些盲點、空白，或者說，它細讀了這些盲點、空白。這些盲點、空白就是為傳統批評所忽略的、被當作邊緣而不屑一顧的東西。

德希達對盧梭的閱讀能夠很好地表現出這種雙重閱讀來。《論文字學》有三分之二以上的篇幅在讀盧梭的作品，它選擇的是不怎麼為人重視卻又引起爭議的一部作品，其名稱是《論語言的起源》，這是盧梭死後由他人整理出版的一本小書，德希達在閱讀該書時，嫁接了盧

梭的其他著作，主要是他的《論人類不平等的起源》、《愛彌兒》、《懺悔錄》等，按德希達的說法，在傳統批評的視界中，該書是論述語音起源的，其觀點是聲音先於文字產生，聲音對於文字具有優先性。然而，德希達透過尋找本文的矛盾、悖謬、歧義之處，並引用其他本文，發現文字和聲音間具有一種「補充邏輯」(supplementary logic)：文字和書寫是互補的，是相互替代的，但有時又是相互多餘的，不存在由聲音到文字這一單向線索。顯然這如上發現並不是盧梭明確表達的，而是本文產生自我解構而出現的，德希達的工作就在於揭示盧梭「打算說的」和「說出了却未打算說的」之間的關係。例如德希達有言曰：「盧梭說了，却沒有打算說」，「但盧梭描述了他不打算說的」。盧梭打算說的是由傳統閱讀獲解的，而他沒有打算說，但在字裏行間流露的東西就只能由解構閱讀來揭示了。

　　米勒和德‧曼都曾經對華滋華斯的抒情小詩〈我的精神已經沈睡〉進行過解構批評，阿

布拉姆斯把這兩個人的閱讀看作是雙重閱讀的
典型例子。原詩如下：

A slumber didl my spirit seal

A Slumber didl my spirit seal
I had no human fear,
She seemed a thing that could not
fear,
The touch of earthing years.
No motion has she now, no force,
She neither hears nor sees,
Rolled round in earths diural course,
with roch, and stone, and trees.

我先將如上英詩譯成中文：

我的精神陷入沈睡

我的精神陷入沈睡，

人間畏懼不再相隨，

她活脫脫一個小東西，感受不到

塵世的月月歲歲。

她不再有力，不再運行，

不再注視，也不再聆聽。

繞著地球不變的軌迹，

伴隨的是岩石、石碑和樹林。

　　如上翻譯不一定「準確」，但讀者仍然可以從譯文中看出一些「訊息」(message) 來。況且在解構的視野中，「翻譯」實際上就是「誤譯」。讀者主要是看「原文」，尤其是兩節之間時態的不同，在做了如上準備工作後，我們選擇米勒在其〈論邊緣：當代批評的十字路口〉中的閱讀來演示雙重閱讀的具體操作。米勒的看法是，在如上小詩中包含著受形而上學束縛的閱讀與解構閱讀之間的「戰鬥」。

　　先看看米勒所進行的傳統閱讀。他認為，這首詩包含著如下一些確定性的東西：(1)這一優美感人並且非常簡明的小詩由華滋華斯於一

八九八至一八九九年間在德國的歌茨蘭（Gos-
lan）寫成。(2)「沒有人間畏懼伴隨」與「擁有
一個陷入沈睡的精神」是同一回事，這兩者由
作者即「我」虛幻地斷言露絲〔(Lucy) 在本詩
中未出現這一名字，但華滋華斯相關詩篇中以
她爲主人翁〕不會變老、不會死亡可以作出說
明。(3)從前，「我」是無知的，「我」的精神關
在知識之外，彷彿處於沈睡中，完全封閉在自
身之內。而「她」呢？看起來是如此活潑，是
一個不受傷害的「小東西」，不爲時間所觸，不
會變老，不會死亡。(4)兩節詩間有了時間變化，
這表明過去與現在，無知與知識，生命與死亡
之間的對立。(5)露絲由「小東西」變成了眞正
的東西（物品），就像一塊石頭，不可能出於自
願而活動，只能不情願地、不知情地伴隨地球
的日常運行而運行。(6)全詩的意旨在於，透過
露絲的死的經驗，「我」跨越了無知和知識之間
的界線。詩歌旣表達了對露絲死亡的有節制的
悲傷，又表達了成熟知識的平靜。這是阿布拉
姆斯所作出的歸納。

　　如上乃是米勒按照傳統方式進行的閱讀，
部分地或整體地把該詩看作是有確定意義的，
米勒（或其他讀者）彷彿就是詩中的「我」，按
照「我」的看法解釋本文，由此在意圖上相符
合，在情感上則產生了共鳴。這種閱讀方式是
傳統批評家和一般讀者都會接受的，它注重證
據，注重人類經驗，只尋找確定性的東西。

　　接下來是第二重閱讀，亦即解構閱讀。米
勒發現，上面所發現的意義實際上在自我解構
著，也就是說，這些意義具有生產性，不斷地
產生出新的意義來。詩歌並不確定地指向外界
的某種東西，它屬於一種語言技巧，正因為此，
它注定要「被本文自身所暗中破壞」。解構批評
明顯的反常在於，它聲稱不可能對本文作出確
定的解釋。傳統批評有時也準備細讀，以期發
現矛盾，但它要設法解決矛盾，並把所有的細
節都納入到更豐富的統一意義中去。但米勒却
不同，他細讀，但他的細讀却具有破壞性，他
要把整體弄成碎片，弄成不確定的相互矛盾的
選擇。這很符合他在〈作為寄主的批評家〉一

文中對「解構」進行的描繪。他寫道：解構意
味著把統一的東西重新變成分散的碎片或部
分，其形象就像一個小孩子玩耍父親的手錶，
把它拆成一堆零件，却根本無法把它重新修
複。

　　實際上，米勒將華滋華斯的這首小詩看作
是自我矛盾的各種意義的運作場所。其分析如
下：(1)在該詩中展示了一種模糊的性別場面，
它主要表現爲一種寓意的負載者。(2)活潑的、
不會死的「她」是華滋華斯的已去世的母親的
替代者 (replacement)，「她」在華滋華斯八歲
時就死去了（米勒在這裏顯然受到盧梭將華倫
夫人作爲自己死去的母親的替代者的啓示）。
華滋華斯意象中的「死」也就是母親的死。(3)
露絲是一個「純潔的小東西」，在有知識的成年
男子眼中是永遠無辜的。「感受不到塵世的月
月歲歲」有兩重含義，一是不會因成熟而在性
的問題上陷入墮落（被破壞掉貞操），一是沒有
最終爲死亡征服。很小就死去了又不爲歲月所
觸動，表明華滋華斯在此取前一含義，意即露

絲永遠是一個眞正的處女。(4)「我」並不像上面表明的那樣是「她」的對立面，不是男性對女性，不是成熟的知識對她的永恆無知。「我」轉向成熟，轉向知識，表明我同時是強暴者和被強暴者的替代者（我由無知到有知，由純潔到成熟或墮落，表明我剝奪或強暴了自己的純潔），同時我也是她自己（因而也是她所替代的母親）和尙未強暴她的強暴者的替代者。「我」喪失了，既是男的「他」，又是女的「她」，是她們（露絲和母親）和自然法則的代表。(5)最具戲劇性的是，米勒認爲該詩是東方關於「落日」的戲劇的改寫本。露絲的名字意指光明（light），擁有她就可以重返失去的光明之源泉，即作爲萬物之父的太陽。太陽同時也是力量和意義的源泉，是理性或邏各斯。露絲的死亡使光和光源都喪失了，詩人和他的詩也因此失去了根據。

　　如上乃是米勒「散漫地」解構的一些片斷，由這些片斷可以看出，邏各斯中心論的語言陷入了兩難困境（dilemma）。米勒由此認爲，讀

者面對詩歌只感覺到一片茫然，心靈如同寄存
在一種不平靜的漂移中，不能夠在詩歌之外尋
找到根據，亦即，他只能跟著詩歌走，詩歌在
自身解構著，他也因此不斷地追隨著意義的漂
移，永遠找不到歇息處。

　　至此，我們已經追隨米勒的足迹「參觀」
了解構批評的雙重閱讀「表演」，但存在著一個
明顯的悖論，那就是這兩重閱讀是否眞的可以
區別出來。按阿布拉姆斯的看法，米勒既然進
行了第一重閱讀，也就肯定了傳統意義上的單
義性的存在，而且解構批評立足（寄生）於其
上，這顯然與米勒通常反對單義性的觀點相矛
盾。就第二重閱讀而言，米勒實際上並沒有從
「原文」中看出意義播撒來，相反，它從其他
本文中引用來一些觀點，或是牽強附會，或是
「合理地」嫁接進來。米勒爲此專門寫了〈作
爲寄主的批評家〉進行辯護。他首先承認阿布
拉姆斯的指責是對的，但却解構了他的意圖，
也就是，解構批評的確需要一個暫時的起點，
但是，一旦由解構批評家來閱讀，已經沒有了

單義的存在。就第二個方面而言，由於解構批評家不是傳統批評家，他進行的不是解釋工作，他也就有權利引入其他本文，也就是說，解構批評家不願只做一個棲居於「原文」中的寄生蟲，他要利用之，培養自己的勢力，而且要做主人。

二、閱讀的遊戲

　　我們先由米勒的「寄生現象」（parasitism）開始，進而追隨德希達在〈柏拉圖的藥店〉中所進行的解構遊戲。

　　按照通常的觀點，文學是主人，批評則是靠文學養活的寄生蟲，然而，問題在於，批評不僅靠文學養活，而且要扼殺文學，因此批評與文學的關係是一種典型的寄生現象。米勒透過小說、詩歌中的寄生現象的分析，力圖表明，作為讀者的批評家不僅僅是一個寄生者（請客），他還可以作為寄主存在。

　　我們還是從阿布拉姆斯的提法開始，寄生
現象暗示，單義性閱讀是一棵高大的橡樹，它
紮根於堅實的泥土裏，由於被解構批評的常青
藤心懷叵測地包圍纏繞而受到了傷害。常青藤
似乎是陰性的、從屬的、欠缺的，或者說是依
賴性的，它攀附在其他植物身上，賴以生存的
唯一方式是汲取它的寄主的營養液，但在同
時，它又遮蔽了寄主的陽光，讓它不透空氣。
在文學作品中經常會有這方面的描述。米勒舉
了一些例子，例如在《亨利·埃斯蒙德》中，
荷爾特先生文雅地笑著說：「我寧死也不離開
這兒，那畫裏的常青藤就是這麼說的，寄生物
緊緊地攀附著橡樹，真像是多情呢！」而塔舍
爾夫人却大聲嚷道：「會殺死母本的啊，先
生！」又如哈代的《常青藤夫人》的結尾是：
「願上帝保佑您，誠實的威廉！——再見吧，
親愛的愛米利亞——溫柔的小寄生草，緊繞著
您攀附的那棵斑斑老樹，再度煥發出您的青春
吧！」在如上兩個例子中都明顯地表明了寄生
者是一個異己，具有依賴性和破壞性，它進入

一個自足的家庭中，吃主人的，喝主人的，同時却要殺死主人。

米勒力圖顛覆這種簡單化的傳統看法，他要看看寄生蟲和寄主是不是可以和平共處，共同分享食物，這當然得由「寄生蟲」一詞的解構開始。該詞的前綴是para，para作為前綴在英文中表示橫靠、在附近或旁邊、遠於、不正確地、類似於、輔助的等等。在外來的希臘複合詞中，則表示在旁邊、靠一側、橫靠、遠於、不正當地、有害的、不順利的、有其中等等。而para作前綴的詞實際上只是印歐語系詞根per構成的詞彙的一個分支，而per詞根的含義有：在……前面、在……之前、初始的、首要的、主要的、朝向、反對、靠近、在……周圍等等。於是para成為一個包含雙重性對立的前綴，同時能指附近和遠處、相似和差異、內部和外部，而且兩者之間有含混的過渡。於是寄生者或寄生蟲（parasite）必然處於這一para的雙重對立影響之中。

Parasite一詞來自希臘語Parasitos，其原

義是「在食物的旁邊」，由para（在旁邊）和sitos（穀物，食品）構成。而parasite（食客、寄生者、請客）原本是一個「正面人物」，是一位親密的來客，跟主人一起坐在食物旁邊，共同分享食物，後來，parasite這個詞逐漸具有了職業食客的含義，指的是專門要別人邀請進餐而從不回報、從不回請的人，進一步地演變為生物學和社會學意義上的含義。

　　按米勒的解釋，寄生現象一方面表明了主人和客人同坐食物之旁，共同分享食物，另一方面，主人自己也成了食物，甚至被客人無償地蝕盡。正因為此，米勒認為，寄主變成了另外一種意義上的host，按宗教的觀點，host原是聖餐供奉用的麵包或聖餅的名字，由中世紀英語Oste一詞演變而來，而最初的來源則是拉丁語的hostia，意思是祭品、犧牲。寄主既是食者，又是被食者，他自身就包含著主客雙重關係，而作為客人，他既是友好的來訪者，又是異己入侵者。進一步來說，主人和客人（guest）實際上可以追尋到同一詞根ghos-ti，意即陌生

人、客人、主人。這樣，由寄生蟲一詞產生了十分有趣的現象，既有對立，又有同一，它彷彿是一種薄膜〔即刻會聯想到德希達所說的處女膜（hymen），既純潔又污穢，既是內又是外〕，既可以把兩種東西分開，又可以把它們連在一起，前一種情況發揮了隔離之膜的作用，後一種情況則是利用了hymen一詞的「婚姻」含義。

米勒認為，這種情況不僅適用於小說和詩歌，而且適用於一切本文。解構批評要利用傳統批評的一些東西，但這並不意味著前者依賴於後者。傳統閱讀和解構閱讀都是「坐在食物旁邊上的同桌食客，是主人兼客人，寄主兼寄生物，寄生物兼寄生物」。在此存在的是一種三角關係，而不是彼此對立關係。米勒以雪萊的〈生命的凱旋〉為例。這首詩可以權且充作食物和主人，它為各種各樣的批評家打碎傳遞、吞蝕，而這些批評家彼此之間所依賴的也是「同桌食客」那種怪異關係，也就是說，批評家們共同吃〈生命的凱旋〉，然而他們彼此間也在互

吃，往上追溯，情況要更為複雜，該詩也吞食
過別的詩，如此上溯，以至無窮。在此，顯然
存在著一條寄生現象的長長的鎖鍊。

　　米勒認為，對於〈生命的凱旋〉，既可以由
阿布拉姆斯來進行傳統的解釋，也可以由他(米
勒)或布魯姆等人來進行解構的解釋。寄主兼
寄生物的「奇特邏輯」在任何本文中都會體現
出來。於是傳統閱讀和批評閱讀雖是彼此你爭
我奪的，但同時又是互相包含的。傳統閱讀在
自身解構中失去確定性，而批評性閱讀也總會
有某些穩定的東西沈澱下來，但是，最終的確
定性是不會有的，而解構批評所追求的正是這
種不可確定的搖擺性，或者說它總是停留在一
個中間地帶，一個屬於寄主兼寄生物的地方，
於是我們陷入到意義的不可測度的深淵中，只
有參與到遊戲中去。

　　德希達在《哲學的邊緣》中對「寄生現象」
進行了差不多一致的解釋，而且具體地運用這
種現象來演示解構閱讀的遊戲。傳統的本文中
總是存在著許多薄弱環節，解構批評旨在透過

這些環節的解讀來攻破傳統形而上學的堡壘，
形象點說，這些環節爲解構批評提供了寄生於
其間的縫隙。解構批評家棲居其間，一塊兒參
與運作（重寫），進而改變本文固有的運轉，產
生出意義的不確定性來。德希達的慣常作法是
在不同本文中找到一些不僅不佔中心地位，反
而受到排擠的詞（概念），例如柏拉圖本文中的
「藥」、盧梭本文中的「補充」等等。這些詞或
概念大多包含著歧義，按傳統的理解，這些詞
是處於邊緣中的，最多只具有把我們引向正題
的輔助作用，然而德希達却由此尋找到了解構
的突破口。

　　柏拉圖的《斐德羅》篇是一部有爭論的作
品，該篇是不確定的，其間充滿反諷，歷來都
被認爲是一篇糟糕的作品，最初認爲這種情況
源於柏拉圖的年輕無知，後來則認爲是源於他
的年老無能。但德希達却認爲，這一作品的不
確定性旣不表明柏拉圖年輕無知，也不表明他
年老無能，相反，它表明柏拉圖藏了漂亮的一
手，要讓人人都不能走出迷宮。這樣，我們就

既不能也沒有必要去尋找其確定的意義，應當以反諷、不確定的態度對待之。於是，德希達寫了〈柏拉圖的藥店〉一文。是文一九六八年發表於《太凱爾》雜誌第三十二、三十三期上，後作為《播撒》的第一部分發表。從標題就可以看出，德希達是「不嚴肅的」。他將通常認為的中心論題「修辭問題」或「愛情問題」轉變成「藥的問題」，實際上是要給書寫重新評定地位。傳統的看法是，聲音是第一位的，書寫則是聲音的摹寫，因而是第二位的。但德希達透過引入那不顯眼的「藥」，却使事態有了變化。他認為，書寫是藥，傳統上與書寫處於同等地位的東西（如神話、繪畫）也是藥，更重要的是，邏各斯（聲音）也是一種藥。藥是一種不確定的東西，既會有毒藥，也會有良藥，而且這兩種藥之效果並非是確定的，也會相反轉化，於是聲音與書寫的關係就處於不確定中了，因而是時刻都可以改變的。

按德希達的理解，我們閱讀一本書，實際上面對的是一張編織成的網，我們總想清理出

這本書的頭緒來，就如同把網拆成一條條的線一樣。每次閱讀，都像是在對本文進行切割或裁剪，人們總是希望快刀斬亂麻，然而是「剪（斬）不斷，理還亂」，結果反而在傷口處生出更多的東西來。於是德希達認為，不用清理出什麼頭緒，還不如從「傷口」處鑽進去，與所謂的作者一塊兒「玩遊戲」，於是「原文」不再具有優先性，或者說，「不存在任何原文」。因此，我們閱讀《斐德羅》，實際上是與柏拉圖一塊兒進行創作，玩嫁接遊戲，在所謂的原文中移植入（創造出）新的東西。這種移植不是簡單地由外部帶進來，它既可以從外部移入，也可以從其內部移植，而其最後狀態是區別不出誰是母體，誰是寄生體。寄主和寄生者永無止境地產生遊戲。於是，柏拉圖的《斐德羅》成了一個工作場所，德希達在此嫁接了古埃及神話、智者的觀點、柏拉圖的其他作品、同一概念的不同含義。

　　柏拉圖開藥店，藥成了中心線索，這一切都讓人有些糊塗，我們通常跟著邏各斯走，但

現在却循著藥味，我們是不是吃錯了藥？而且藥不是靜靜地陳列著，它們彼此對話，你爭我奪，活動起來，遊戲起來，演出了一幕幕動人的戲劇，因此柏拉圖不僅開了藥店，而且開了劇場、遊戲場。

　　限於篇幅，我們只談論兩個方面，亦即「把書寫神Thoth的故事引入柏拉圖所說的書寫神Theuth的故事中所引起的後果」，以及「『藥』的不同含義的相互嫁接」。

　　我們先來看看德希達對Theuth故事的嫁接閱讀。按傳統的閱讀方式，柏拉圖用這一故事來輔助地證明書寫居於從屬地位。Theuth是古埃及的書寫神，同時也是計算和遊戲的發明者，他對衆神之王Ammon陳述說，他發明的書寫是一劑（良）藥，可以使埃及人聰明，提高他們的記憶力，但只有Ammon才有價值的確定權。他是這樣認爲的：書寫是一種有害的藥，因爲人們一旦只依靠書寫，他就不再去記憶，從而也會喪失智慧。這顯然表明了聲音與書寫之間的等級制度，Ammon只說不寫，而寫

却想顛覆說的地位，他因此必定對書寫評價甚低。

　　德希達採取的策略是，把其他書寫神的故事嫁接進來。它們之間是相互影響的，因而在某種意義上可以說具有「解構的一致性」，這就使得我們可以在閱讀時彼此對照，取長補短。德希達引來了Thoth的故事，Thoth是古希臘的書寫神，在德希達的筆下，他比柏拉圖描述的Theuth的形象要豐富得多，他是月亮神，是太陽神Ra的長子，他佩著太陽神的標誌，是Ra的發言人、解釋者、傳令官、抄寫員、委託人、秘書，如此等等。當Ra不在場時，Thoth出面代替他，就像月亮在晚上代替太陽一樣。Thoth顯然處於一神之下、萬眾之上的「尊位」。這當然是第二層次上的地位，如果他滿足於這種地位，一切就是符合既定秩序的。但這不是Thoth的品格，他想謀求創造神的地位，要求用書寫取代聲音，因而他經常參與陰謀，支持兒子拋棄父親，支持弟兄推翻已成為國王的兄長。於是Thoth的形象就複雜起來了，就其為王分憂

　　幫忙，以書寫補充音語之不足而言，他是有益的；就其想推翻王，書寫想殺死聲音而言，又是有害的。

　　根據故事，Thoth既是治療之神，又是死亡之神，「書寫之神，知道如何結束生命，也可以治病，甚至醫活死者」。這樣Thoth就具有兩面派的品格。然而，關鍵處不在於他具有兩種品格，而在於他在這兩種品格中間飄移不定，在於其相互轉化，「Thoth感興趣的不是生或死，而是死亡之作為生命的重複，生命之作為死亡的預演」。這就表明，藥這種媒介「成為對立雙方的絕對通道」。在這種飄移不定中，書寫神構成為父親、自己和兒子三位一體。如果我們不引入Thoth的故事，顯然只能看到Theuth和Ammon兩個神之間的對立，及其前者對後者的最終臣服。但引入Thoth故事後，我們發現並不存在刻板的對立和等級制。

　　就「藥」字本身而言，它的不同意義也是可以相互轉化、相互嫁接的。通常我們譯柏拉圖的Pharmakon為remedy（治劑），一種有益

的藥。德希達認為，這一譯法只看到了兩極對立中的一極，而取消了另一極，沒有看到即便「良藥」也會有不好的效果或副作用，而毒藥則可能產生良好的結果。我們因此不應當在remedy和poison之間選擇一方，拒絕一方，而應當「接受這兩種力量和姿態」，讓它們彼此遊戲起來。藥沒有固定的本質，沒有專屬的特徵。德希達認為，書寫作為remedy並不比作為poison更有價值，因為不存在沒有害處的良藥，藥不會總是有益的，它無論如何是一種「危險的補充」。

就poison而言，很少有人注意到柏拉圖Pharmakon一詞中這一含義的運作。德希達認為，在柏拉圖作品中，正是poison讓蘇格拉底喪失了「純潔」，走出了從來不願意離開的城邦，成了一名罪犯。而且柏拉圖經常用藥來形象地表達蘇格拉底的言談的魅力，因而蘇格拉底成了一個「術士」（wirard）、「魔法師」（magician）和「放毒者」（poisoner），能說poison只會產生壞的意義嗎？柏拉圖不可能貶

　　低自己的老師。況且，蘇格拉底的確將poison
看作是有益的，例如鴆是一種毒藥，「然而透過
蘇格拉底式邏各斯的影響和《斐多》（*Phaedo*）
中的哲學論證，它被轉化成了一種解脫方式，
一種趨向拯救的方式，一種導泄的力量」。蘇格
拉底玩藥的遊戲，却藥死了自己，但遊戲並未
停止，毒藥成了「新生」的契機。

　　　德希達的功夫可謂高深，從一個「藥」字
中發現了蘇格拉底和柏拉圖龐大體系中的鮮爲
人知的「秘密」，不能不說〈柏拉圖的藥店〉是
解構閱讀的經典。當然，德希達和耶魯學派的
其他閱讀也同樣漂亮，讓人回味無窮。

第四章
哲學‧文學‧人

一、哲學的終結與文學的解放

　　我們通常都稱德希達建構了一種「解構哲學」，然而，他實際上並沒有提出一種哲學目標，相反，他要把哲學給消解掉，這也是符合當今西方文化一般傾向的，哲學家似乎都在迎接或推動哲學向終點邁進，尼采、維根斯坦（Wittgenstein）、海德格、德希達和羅蒂（Richard Rorty）是最爲突出的人物。就德希達而言，他是上承海德格，下啓羅蒂。

　　馬丁・海德格在後期思想中宣稱「哲學已經終結」，要由詩意之思（poetic thinking）取代認識論之思，也即，只有用詩意般的語言才能實現「思」的任務。因而海德格並沒有放棄哲學目標，他想用一種「詩化的哲學」取代傳統的哲學。羅蒂師承海德格和德希達，是極力渲染「終結論」的一個人。德希達只是在玩弄閱讀的遊戲中顯示出其觀點，因而是零亂的、不系統的；羅蒂那裏較爲系統，現在我們由羅蒂開始，進而導入德希達的有關觀點。

　　羅蒂把傳統哲學歸結爲一種堅持「鏡式思維方式」的哲學，也就是說，傳統哲學將人的心靈（思維）比喻爲能夠反映自然的鏡子，哲學家的工作不外是磨拭和檢查這面鏡子，使我們的認識能夠準確地反映實在。羅蒂認爲，從柏拉圖以來的以認識論爲主導、以奠定知識基礎爲己任的哲學，即鏡式哲學，已經不符合當代西方精神，已經完成了其使命，因而也就終結了。當然，這並不是說哲學就從地球上消失了，而是說哲學應當改變形式，羅蒂自己曾經

說過：「我並不眞的認爲哲學將死亡，哲學可以變化，事實上，在哲學史上的許多時候，哲學都發生過變化。」他指出，在這種發生變化的危機時刻，有人就傾向於認爲哲學終結了，然而事實上並非如此，它只不過是緊要關頭而已，渡過之後，哲學仍然一派生機。羅蒂談到當代西方的哲學危機，認爲這是最深刻的一次危機，但這也並不意味著哲學不存在了，因爲我們還可以規定「新概念」，而且語言哲學的發展或語言學模式的運用表明哲學轉型是可能的。

「哲學終結觀」的一個重要方面是要衝破哲學與文學的界線，讓哲學向文學開放。羅蒂十分重視哲學研究的文學化傾向，人們對此多有指責，他自己的說法是：「就我本人而言，總的來說，我被認爲是文學味太濃了，不夠嚴謹。」「我被指責讀海德格和德希達的東西太多了。」然而羅蒂固執己見，他寫道：「我認爲哲學需要改變，給文學留下充分的餘地，迄今爲此，哲學已經成了對科學的註解，現在不需

　　要註解了。雖然哲學不是文學，但它可以幫助
我們理解笛卡爾那個世界的形象：它是支離破
碎的、歧異紛生的。」

　　　　德希達與羅蒂的共同點在於一種危機意
識，在於重視哲學的文學色彩。然而兩者間的
區別是明顯的。羅蒂仍然承認哲學與哲學家的
社會作用，其看法是：哲學家雖然不再充當預
言家或救世主，但仍然可以作爲評論家或顧問
官。德希達呢？他不是要給哲學增加一些調味
品，增添一些文學味，哲學事實上與文學已經
沒有了區別。哲學家是不需要的，他既不是預
言家、救世主，也無權充當評論家或顧問，因
爲遊戲是無規則的，是不確定的，因而難以逆
料，而人人都是遊戲好手，也就不需要別人指
手劃腳。羅蒂之所以認爲哲學家還有存在的必
要，是因爲他認爲，我們儘管不需要終極眞理，
却還是需要暫時的、相對的眞理的。這樣，羅
蒂仍然在以人類理性的口吻講話。他主張哲學
的實用性，尤其主張一種教化哲學，認爲哲學
具有改造人格的作用。這樣，哲學家雖然不是

至上權威，但他仍然是「博學的學者或者各個
行業的專家」。羅蒂仍然有著比較沈重的使命
感，儘管不致力於長遠目標，却也有其近期的
任務。德希達的理論顯然不具有這種教化的、
實用的意義，他展示的是哲學自身的解構並由
此獲得閱讀的愉悅。德希達在閱讀本文時看到
了哲學的危機，但他並不把克服危機作爲自己
的任務，讀書就是去享受快樂，它沒有解決問
題的任務，因此他瀟灑地玩閱讀的遊戲。

　　德希達關於「哲學終結論」的觀點可以從
如下方面入手。首先，他玩弄了「邊緣」或「終
結」的遊戲。其次，他發現哲學本文中同樣是
充滿隱喻的、比喻的，因而是不確定的，哲學
並非追求嚴格、科學的知識，並不一定表達眞
理。第三，哲學與文學是可以相互嫁接的，德
希達通常選擇一篇哲學本文和一篇文學本文串
聯起來讀，並排起來讀，彼此參照，相互影響。
耶魯學派對於德希達的理論並不怎麼感興趣，
而主要地是接受了他獨特的個人風格，亦即獨
特地處理本文的風格。除德‧曼偶爾染指哲學

本文外，基本上都傾向於分析文學本文，而對哲學漠然置之。

　　德希達關於哲學終結的有關觀點並沒有系統的表達，我們只能從他對哲學史的閱讀中去尋找和發現，《哲學的邊緣》、《播撒》、《喪鐘》是最重要的資料，我們主要集中於這幾個本文的分析。

　　首先，德希達在玩弄邊緣（margins）、邊沿（limit，或譯界線）、終結（end）的概念遊戲。例如《哲學的邊緣》一書的各篇論文都在玩弄詞組Being at the Limit，既可以說是「處於邊沿上的存在」，也可以說是「存在於邊緣上」。該詞組既不是一個命題（proposition），也不是一個話語（discourse），但是，人們如果去玩弄其遊戲，就可以產生《哲學的邊緣》一書的全部命題和話語。整個哲學可以被理解為是一種話語，它相信自己是漫無止境的，一切都在自己的內部，因而自己是從自己內部獲得命名的。它進而要求從內部把握自己的開端和終結，堅持對自己的邊沿的主宰地位，實際上

是要根據一切可能的模式設想、設定和拒絕邊沿，從而更好地處置之。但是，在這種姿態中，哲學顯然跨越了邊沿，哲學家知道寫任何一本哲學著作都有一個邊沿把自己固定在一個範圍內，但他同時堅持自己的哲學能夠思考其對立面。那什麼是對立面呢？對立面就是限制它（哲學話語），並且它由之衍生出其本質、其界定、其產物的東西。正是這一超越的思考才產生了其內部進程，這樣內與外如何區分？邊沿實際上是界線和通道的統一。德希達旨在揚棄傳統哲學的邊沿。「揚棄」（Aufheben）是黑格爾的用語，德希達要求在播撒的意義上，也即在該詞的一切意義上利用該詞，從而產生所謂「揚棄的揚棄」。揚棄是一個同時包含相反意義的詞，指拋棄、保留、發揚、提高等含義。在德希達看來，黑格爾對揚棄原則尚未充分發展，而他則要做一個徹底的黑格爾主義者，對揚棄本身也進行揚棄，這意味著不僅僅是拋棄一部分，保留一部分，而是說拋棄與保留是處於飄移不定中的。對於邊沿的揚棄，意味著對該概

念的傳統含義的重新理解。

　　在德希達看來，哲學總是傾向於從自己的立場保持自己與非哲學的或反哲學的觀點，與實踐，與知識（經驗的或非經驗的）的聯繫。哲學只是聽自己說，外界的聲音進入不了自己的耳朵。在這種情況下，人們是否還可以另外尋找到一個非哲學的位置，一種外在的位置來探討哲學與非哲學的關係呢？也就是說，我們是不是能夠不借用邏各斯中心論的範疇，不站在哲學的旗幟下對哲學進行思考？如果說哲學仍然是一種存在的話，對哲學的非哲學思考並不能改變其性質，它仍然具有生機，儘管它是處於邊沿上的存在。但是，哲學不可避免地在走向死亡，因為它已經存在於邊沿上了。德希達在此並沒有簡單地運用二值的邏輯，也即，哲學要麼存在，要麼不再存在，而是說哲學處於其模稜兩可狀態中。這意味著存在與非存在的界線不是垂直的，而是傾斜的。於是，我們不必用對抗的方式來處置之，因為這樣的結果仍然處於傳統二值邏輯中，而是要讓只能聽到

自己的聲音的哲學耳朵產生脫位，讓邏各斯自己的傾斜運作起來。這樣，我們不直接說哲學死亡了，而是說哲學內部正產生著瓦解哲學的一股力量。而這一力量就來自於邊沿或邊緣。邊沿、邊緣不是一條明確的界線，它在內部，例如本文的音色（timbre）、風格（style）、標點（punetuation）和署名（signature）顯然都不在本文外，如果沒有它們，本文是不明確的，是不完美的。但是，這些東西顯然又是暗中破壞「聲音優先性」、「邏各斯優先性」的力量，因而又屬於本文之外。在本文內產生了本文外的東西，而這些東西既是邏各斯中心論的建築材料，又是破壞性因素，哲學因而從一開始就不那麼純潔，從一開始就在自身瓦解著。

　　傳統哲學在其主宰或關於主宰的話語中，包含著兩種哲學力量：一是等級制，特殊科學或局部本體論隸屬於一般本體論，然後是基本本體論。一是包容關係，在反思和表述的思辨模式中，整體包含在部分中。這是哲學的兩種基本主宰關係，如果這兩種關係沒有被摧毀，

人們就不可能從哲學中獲得自由，最終會回到哲學秩序中去。但是，人們顯然不能採取顛覆或逆反的方式對待如上關係，也就是說永遠不能哲學地證明對哲學的解構是可行的。這樣，停留在哲學立場中顯然不能改變既定處境，站在哲學之外又不關痛癢，怎麼辦呢？德希達問：「我們為什麼要剝奪自己的愉快？」也就是說，我們為什麼要那麼心情沈重地為哲學進行辯護，或者對之進行詆毀？我們只應在哲學本文的閱讀中獲得快樂，因而應當進入一種遊戲狀態，玩弄邊緣的遊戲。

現在回到這一問題，即探討哲學的「邊緣」的《哲學的邊緣》這一本文是不是哲學的邊緣，如果說它是哲學史上各種偉大哲學的邊緣，那麼它是在哲學之內還是之外？也就是說，這一邊緣還隸不隸屬於哲學？換句話說，它是關於邊緣的哲學學說還是關於邊緣的邊緣探討？在此包含著十分複雜的關係。《哲學的邊緣》既是「邊緣」的一個例子，又是對於邊緣的一種探索，它自身處於不確定性中，因而在自身解構

著。我們難以言說它究竟屬於哲學之外的空白
處女地，還是屬於哲學的一片綠洲。它是哲學
的滿溢、擴張，還是為哲學所拋棄的東西？無
論如何，它是無盡的寶藏，不管是滿溢或擴張
出來的，還是拋棄的，收拾起來總是一筆財富。
兩把不同的鑰匙打開了同一把鎖，這就是「邊
緣的邏輯」。德希達因此承認，問題不在於反對
傳統哲學的問題，而是要置換其隊列，重寫之，
根據它已經包含却又不屬於它的一種新的邏輯
來理解它。這顯然不同於尼采、海德格、羅蒂、
維也納學派反形而上學的觀點。

　　其次，哲學中存在的隱喻一直在將哲學推
向死亡。德希達的一篇著名論文叫做《白色神
話學：哲學本文中的隱喻》（*White Mytho-
logy: Metephor in the Text of Philoso-
phy*）。該文最初於一九七一年發表於《詩論》
第五期，次年收入《哲學的邊緣》中。德希達
表示，該文所要探討的是：「哲學本文中有隱
喻嗎？以什麼形式出現？在什麼程度上表現出
來？它是偶然的，還是本質的？」按照傳統的

看法，哲學本文是完全理性的，是清楚明白的，
隱喻即使出現，也只是偶然的現象，就像柏拉
圖本文中會出現神話（藥），但它只是某種工具
或一個過渡。真理與隱喻是對立的，隱喻只是
通向真理過程中的一種曲折。德希達和其他解
構批評家都發現，我們現在應當「嚴肅地」對
待隱喻。隱喻並非可有可無，不存在任何不包
含隱喻的字面意義 (literal meaning)，即使哲
學、法律等以嚴肅著稱的作品都像詩歌那樣依
賴於隱喻，只能是虛構而成的。德希達考察了
柏拉圖、亞里斯多德、黑格爾等人對隱喻的看
法，說明他們把字面義作為基礎、隱喻義看作
衍生的是沒有根據的，他證明，這些人所描述
的字面義可以作為隱喻的一個特例而不是相
反。這樣，副標題「哲學本文中的隱喻」應當
改為「哲學本文在隱喻中」，也就是說，哲學的
整個語言在其使用中都是隱喻的，隱喻的力量
已經滲透在哲學交流中，而且是一種濫用
(usure)。整個哲學史實際上就是在濫用隱
喻。傳統哲學家有意或無意地使用隱喻，藉此

幫助自己闡明思想，這實際上存在著一種隱喻
化過程。最初使用的是日常語言或自然語言，
然後抹掉隱喻，通過象徵的迂迴，使適切的
（proper）感性意義轉向精神化的意義。德希
達指出，隱喻實際上是「一種古典哲學要素、
一個形而上學概念」。許多哲學家當然是不承
認的，他們認為自然語言與哲學語言是完全不
同的，然而，他們沒有看到哲學語言是自然語
言的隱喻化過程的產物。我們知道，在分析哲
學時期的維根斯坦和羅素等人一樣打算使用完
全人工的語言，以消除日常語言的歧義。然而
他發現這是行不通的，後期又回到了語言的日
常用法中去。德希達在此也是反對兩種語言之
區分的。

　　德希達利用一個例子來揭示隱喻的濫用。
他選取的是Anatole France寫的《伊壁鳩魯的
花園》（*Garden of Epicurus*）。在該文的接近
結尾處，Aristos和Polyphilos進行了一個簡短
的對話，相互交流看法，探討感性的、通常的
比喻受到遮蔽和耗盡，在形而上學概念裏變得

看不見了。抽象概念裏總掩蓋著感性的比喻，
而形而上學語言的歷史據說是與抹去感覺比喻
的影響和濫用其形象混淆在一起的。德希達玩
弄「濫用」一詞，它具有雙重含義：一是透過
擦拭而去掉、耗盡、抹去；一是投資產生了附
加的效益，不僅沒有損失最初投資，而且獲得
了紅利、補充值。而這兩個含義顯然交織在一
起的。德希達力圖去分析其包含的邏輯意義。
這裏存在著兩個界線：(1)Polyphilos似乎急於
拯救投資的完整，或者在資本積累前拯救感性
的自然財富和原初價值，而這種原初價值會被
概念史所污損和破壞。因此他設想感官語言是
純潔的，這是十八世紀通常的看法。(2)把墮落
解釋為從自然（物理）向形而上（無物理）過
渡，因此他使用了完全哲學的對立。最後的任
務是恢復原貌，恢復原初的意義，感性的比喻
不完全是隱喻的，它是與字面義相應的，是一
種透明的比喻。只有當哲學話語使它運轉時，
它才成為隱喻。而在同時，最初的意義及其隱
喻化過程兩者都被忘却了。隱喻因此不再受到

注意，經過雙重抹拭，它被看作了原初的、字面的意義，它似乎是精神對象的模寫。但實際上，哲學是隱喻化過程的產物，哲學也因此一直是被忘却的東西。

　　所謂「白色神話學」實際上是指形而上學。形而上學是對西方文化的重建和反思，是白種人獨有的，是一種白種人神話學，印歐語系神話學。白種人將自己的邏各斯，亦即自己的語言的神話，看作是所謂的理性的最普遍的形式。形而上學或理性不會受到挑戰，因為辯護者總是堅持自己有利的證明。如果是來自理性內部的攻擊，這顯然是局部問題，不會動搖整體，不會動搖形而上學。如果是來自理性和邏各斯之外的攻擊，辯護者會說：「你沒有說服我，如果你根據（理性的）規則進行推理，我能夠很容易地反駁你的證明。」也就是說，你要反駁我，就得先相信我的原則，但是，一旦相信了理性的原則，根本就無從進行反駁。對於這樣一種「不可動搖的神話」，顯然只能從其所包含的隱喻入手。也就是說，應當明確，理

性和形而上學的概念並不簡單地表示字面義，儘管它在自身內已經抹掉了產生隱喻的場面（scene），然而這一場面仍然是十分活躍的。就像寫在隱迹紙本上的東西，雖然被擦掉了，加上適當的化學試劑，它會再度顯露出來，也就是說，隱喻始終在產生著影響，在動搖著理性的「純潔」，它暗示，理性也有其卑微的出身。當我們說人們「有意地使用隱喻」時，是指人們認識到了隱喻的存在，並利用它來服務於邏各斯；而「無意地運用」是指被抹去的隱喻在暗中產生著作用。因此存在著「活的隱喻」與「死的隱喻」的區分，前者在產生作用，因而是贏利的，而後者似乎消失了，被耗盡了。

　　隱喻的分類或界定早已為亞里斯多德提出，他指出，「隱喻存在於賦予某種東西以屬於另一種東西的名稱。這一轉換要麼是由屬到種（from genus to species），要麼是由種到屬，或者由種到種，或者根據類比（analogy）」。也就是說，存在著四種隱喻。德希達認為這裏對隱喻的定義與分類無疑是「最清

楚」、「最準確」，也是「最普遍」的解釋。可以
從兩個方面對它進行分析，一方面它是一個論
隱喻的哲學命題，另一方面它也是由隱喻構成
的一個哲學話語。隱喻開啓了語義的「流浪」，
隱喻造成哲學話語，哲學話語又轉而探討隱
喻，於是隱喻自身也在解構著，亞里斯多德關
於隱喻的明確規定也因而走向了不確定性。

　　隱喻總是糾纏著哲學話語，傳統哲學都是
依賴於隱喻的，德希達認爲，整個哲學實際上
建立在一個最大的隱喻的基礎上的，也就是所
謂的「向日喻」（Heliotrope）。任何一位哲學
家都聲稱，他看到了命題的意義或眞理，或者
說他能夠辨別出明晰的、明確的觀念與模糊的
觀念之間的不同，也可以說是把整個理論都訴
諸於理性之光。總而言之，他相信，他站在某
種他不得不相信或值得相信的東西面前，這種
東西是在場的（present），也就是說其觀念與
我們視覺所及的東西一樣是在場的，向我們呈
現的。這實際上是說心理的東西、精神的東西
有其視覺的平行物。我們通常都需要有光亮的

照耀，而最終的光源出自太陽，於是，精神也應該有自己的太陽。所謂理智之光、理性之光就是這個意思。理性即太陽，太陽神阿波羅就是理性之神，這一古希臘觀念一直貫穿和滲透西方文明。而「向日喻」自那時起就被看作是「修辭學之花」，或者說是一種修辭學的「向陽花」，一切隱喻最終回到「向日喻」。

　　「向日喻」包含著兩個方面的含義。一方面，向日喻是理性或邏各斯的一個主要隱喻，於傳統的邏各斯中心論而言，它永遠是必要的，也就是說，哲學力圖用一個最大的隱喻來消滅一切其他隱喻，似乎依靠理性就可以消除隱喻，抹掉隱喻。在向日喻裏，理性作為光源，構成了看見與看不見，在場與不在場之間的對立的必要條件。向日喻是以自然的太陽為類比對象的，自然太陽構成了哲學的隱喻空間，它代表了哲學語言中的自然的東西，我們訴諸自然，實際上是訴諸太陽。這樣，自然的太陽使得哲學有了基礎，正因為此，太陽應當是「純潔」的，我們對它有充分的認識。

　　另一方面，向日喻自身建立在一種隱喻的
基礎上，因而它是一種不完善的隱喻。向日喻
建立在對太陽的認識基礎之上，然而我們對太
陽的認識是不夠的，我們不知道太陽的本質是
什麼，我們不知道太陽的全貌。這是因為，太
陽總在自轉（turn itself，轉動自己），總是時
隱時現，因而不可能完全在場（正因為此，它
才成了升與降、晝與夜，可見與不可見，在場
與不在場之間對立的必要條件），因此，向日喻
所賴以建立的自然太陽並不是字面義的、嚴格
意義的自然太陽，它沒有提供給我們以確定的
感官形象，它自己本身就是一個隱喻。這樣，
它也不完全是自然的，在某種意義上是一種人
造物，它的本質就是旋轉（turn，比喻）。當自
然的太陽消失時，人們仍然可以找到其他光
源。最自然的東西（太陽）和最具精神性的東
西（理性的太陽）都是隱喻的。

　　向日喻既可以說是關於哲學的一個隱喻，
也可以說是關於隱喻的哲學觀點，但如上的界
說已經讓自己被隱喻所建構和促動，一切界說

隱喻和哲學的概念在其起源和有效性中自身都
已經是隱喻的。從柏拉圖的理念（eidos）到黑
格爾的觀念（idea）都可以說是受著隱喻主宰
的。柏拉圖那裏存在著理智的太陽與感官太陽
的差異，而這本身是由一個隱喻（日喻）加以
說明的。在黑格爾那裏，哲學是關於隱喻的一
種理論，而它同時又是關於理論的一種隱喻。
總的來說，哲學話語成爲兩個太陽（理性太陽
與感官太陽）之間被置換和重新調整的隱喻。

　　在哲學史上，哲學家通常把隱喻界定爲意
義的暫時喪失，一種投資過程，它要經歷一段
曲折，但終究不會有難以修復的損失，最終會
由隱喻回到哲學上來。因此，對隱喻的評估總
是模稜兩可的：隱喻於直覺、概念和意識而言
是危險的、外在的，但是，隱喻又是一種途徑，
是一種必要的迂迴（detour）。這樣，哲學中的
隱喻，也即關於意義的整個神話使隱喻與揭示
眞理，與無遮蔽的在場狀態，與重新佔有字面
義聯繫在一起。其他類型的隱喻與哲學隱喻的
性質是一樣的。隱喻同時起著危害和有利兩種

作用，因此隱喻在自身解構著，進而隱喻和本
文之間的對立也就解構了，兩者是彼此過渡
的。這樣隱喻在自身中負載著自己的死亡，這
不是說隱喻讓位於理性，相反，哲學（理性）
由於依賴隱喻，也就必然地被推向死亡。德希
達認為，「哲學的死亡」所指的哲學有兩種含
義，有時是指在哲學內部被思考或總結，在內
部認識和完成自己的哲學類型的死亡；有時則
是指這樣一種哲學死亡，這種哲學看不到自己
的死，而且不在哲學內部重建。也就是說，前
者是指哲學內部的轉型或變遷，後者則是指超
越於哲學範疇之外。前者顯然是羅蒂所指的哲
學危機，而後者是真正意義上的哲學死亡，對
死亡不再進行哲學的思考。

　　向日喻所帶來的兩種意義的死亡都在促使
哲學向死亡靠近。柏拉圖和黑格爾式的向日喻
顯然屬於前一類型，而尼采和巴特勒
（Bataille）的向日喻屬於後一類型。哲學曾經
是一朵具有勃勃生機的向陽花，但由於來自各
方面的打擊，它最終成了一朵枯萎的花，衰敗

的花。

　　第三，哲學的開放與文學的解放。

　　在德希達看來，哲學與文學是可以相互嫁接的，它們之間的界線是不存在的。德希達在一九七四年所寫的一本書名叫《喪鐘》，人們當然會問：喪鐘爲誰而鳴？德希達顯然宣布了傳統意義上的哲學與文學概念以及它們之間的界線的消失（死亡）。我們前面關於「邊緣」概念和「隱喻」概念的分析已經表明，哲學與文學的確沒有什麼實質的差別，它們都是某種不具有確定性的本文，如果引入「本文間性」或「互文性」概念，情況就更爲明顯。所謂本文間性（intertextuality），實際上是指不同本文的交織，它不把「影響」或「相互關係」看作是簡單的歷史現象，也就是說不是一種直線關係。我們完全可以把通常認爲一點聯繫也沒有的兩個本文置放在一起。德希達所著《喪鐘》是這種方式的「經典」做法，按《論文字學》的英譯者史畢瓦克（G. Spivak）的說法，「本文間性在《喪鐘》中成爲最令人震驚的概念特徵和

印刷特徵」。

　　《喪鐘》處理本文的方式是十分獨特的，解構批評家哈特曼將之稱爲最典型的「文學操作」。它透過在兩欄中同時進行探討以產生某種新的關係和新的意義。左邊一欄每頁都在讀黑格爾的「概念家族」〔包括相關的父權問題、絕對知識、神聖家族、神聖懷胎說等，甚至把Hegel與鷹（eagle）聯繫起來，這是因爲，在法語中，Hegel的H是不發音的，因此Hegel就與eagle發音一致了〕。右邊一欄則論及《權力哲學》的作者、小偷、同性戀者熱奈（Jean Genet）：一方面是引用熱奈的作品，一方面探討專有名詞與署名的文學意義問題、雙重困境的結構問題、經典符號學理論的解構問題，以及雙關的解釋問題。於是兩欄間有問題的關係展現出來：即哲學與文學、父權與母權，正統宗教與異教，權力、財產與其顚覆之間的關係。這些關係不像傳統看法那樣是一種靜態的對比，而是可以交織在一起讀的，因此是一種遊戲關係，比如哲學與文學間就失去了固有的界

線，實際上表明了哲學與文學間的嫁接閱讀。
事實上，德希達的解構閱讀像閱讀文學著作那
樣閱讀哲學著作，哲學總是向文學開放的。

　　德希達的〈兩次講座〉（*double Session*）
是重探哲學與文學關係的一篇著名長文。該文
最初於一九七〇年發表於《太凱爾》雜誌第四
十一和四十二期上，後作為《播撒》的一部分
發表。如果我們把編者的說明摘錄下來，對我
們的理解是有幫助的，編者說道：「標題是由
編者建議的，其理由在閱讀中會變得很明顯，
該本文並不以任何標題呈現自己，它構成為《理
論研究小組》兩次講座（一九六九年二月二十
六日和三月五日）的起因。讀者也應知道那時
候只有第一部分發表。」也就是說，該標題只
是「隨便」加的，並不反映「內容」，因為根本
沒有標題可以表達其內容，這正符合於解構理
論所宣稱的本文不指向意義。但該文究竟有何
關係呢？編者接著說，「每一個聽講座的人都
發給了一張材料，上面印有柏拉圖的〈斐力布
斯〉（38e—39e）和瑪拉美的〈模仿〉（Pleiade

版，第310頁。）我們在此重新把那張免費的材
料的印刷形式和局部解剖圖重印出來。就不必
指出了：黑板上覆蓋有許多畫框和標數字的引
文。而房間裏則由一盞豪華但過時了的枝型吊
燈照亮著。」編者的提示旨在解釋標題的不確
定性。按傳統的理解，不管在黑板上如何寫，
也不管房間的燈光如何，眞理與這些外在因素
是不相涉的。然而德希達的本文開放性把一切
因素都融入了進去，因而顯得文學味十足。在
這種情況下，要讓標題將那枝型吊燈那樣照亮
本文是不可能的。那燈雖然豪華，却已經過時。
德希達實際上要探討哲人柏拉圖和文人瑪拉美
的關係。德希達認爲，如果眞要加一個標題的
話，可以有兩種情況。

　　首先，只說不寫有三種形式：

L'Antre De Mallarmé　　瑪拉美的洞穴
　　（神秘之處）；

L'Entre De Mallarmé　　瑪拉美的中間
　　或入口；

L'Entre Duex "Mallarmé"　　掮客「瑪

　　拉美」或非魚非鷹的「瑪拉美」。
此乃玩弄法語中某一聲音而導致的播撒,如果
不發聲的話,就表現不出來,同一聲音可以有
不同的書面形式。

　　其次,只寫不說的形式是(拉丁文形式):

Hymen: Inter Platonem et Mallar-
matum

Hymen一詞在拉丁文中有兩個意思,一是指
「膜」,一是指婚姻。英譯為「The Hymen or
Marriage between Plato and Mallarmé」。
也就是說,在柏拉圖與瑪拉美之間既有一層隔
離物,又是可以連接在一起的。把聲音和書寫
兩種情況結合起來,我們要給予本文的標題顯
然就處於不確定性中了。「神秘的洞穴」、「進
口」、「捐客」、「膜」、「婚姻」,這些詞之間既
有一致的地方,又是彼此矛盾的。於是,柏拉
圖和瑪拉美的關係就處於不定狀態中了。

　　按照通常的理解,柏拉圖代表著哲學對真
理的追求,而瑪拉美則代表了文學的處境。德
希達之所以突出瑪拉美之「洞穴」,是為了讓柏

拉圖的眞理進入文學中。因此柏拉圖與瑪拉美
的關係，實際上是哲學（眞理）與文學的關係，
也可以說是在探討「什麼是文學」。一般認爲，
哲學代表了眞理，而文學則只是模仿眞理。哲
學主宰著文學，文學是哲學的具體表達，哲學
高高在上，文學俯首稱臣。德希達的那張材料
單明顯地表現出柏拉圖對瑪拉美的優越性。

〈菲利布斯〉沒有直接提到模仿，但它包含有
有關觀念，德希達引用它來幫助閱讀瑪拉美，
是加強了哲學的地位，還是削弱了其地位呢？
它們之間起作用的是分離的膜，還是聯姻的
膜？

　　按傳統的解構，〈菲利布斯〉至少有四個方
面値得注意：(1)這本書沈默地表現了辯證法，
死的書寫是活的對話的替換。(2)書寫有其確定
的眞理，人們總可以確定書寫是否爲眞，是不
是符合邏各斯。(3)書寫沒有本質上的眞假，話
語的眞假才是有意義的。(4)書寫重複邏各斯，
體現邏各斯。如上四點表現了這樣的邏輯結
構：邏各斯是最眞的「畫」，它直接模寫理念，

是理念最初的和忠實的形象（模仿），而通常意義上的畫，畫家的畫，只是對畫進行模仿。但是，畫的比喻馬上為德希達所「濫用」：邏各斯和畫都是模仿的，而且它們事實上是相互補充的，因而是可以相互替換的。邏各斯與書寫（寫作、文學）之間的關係也是如此。這是從〈菲利布斯〉中讀出的新結論：真理與模仿之間，哲學與文學之間並非對立，而是可以相互替換、過渡的。因此文學並非哲學的模仿，主宰文學的哲學已經死亡，文學得到了解放。

從〈模仿〉這一本文看，通常認為，模仿總伴隨著真理的進程，瑪拉美自己也認為，文學體現真理，受制於哲學真理。但是，當我們細讀〈模仿〉一文時，一切都得到置換，〈模仿〉描述的是丑角的表演，其間有一句話是這樣說的：「這場面證明的只是觀念，而不是實際行動。」按常人的理解，我們的結論是：丑角的表演在模仿真理。德希達指出，如此的話，瑪拉美仍然歸於文學唯心主義範疇，也即他的文學觀仍然是一種哲學觀。但是，德希達認為，

我們完全可以換個角度看，它完全不同於〈菲
利布斯〉的例證系統。丑角什麼都不模仿，不
存在模仿，並沒有一個先於他的表情之前存在
的東西讓他去模仿，他表演自己，它不指向邏
各斯，它只不過是自身揭示。丑角實際上典型
地表達了能指遊戲，它不傳達理念，不最終指
向某物。觀眾在觀看丑角的表演時，看的是其
滑稽的表情和動作，並不去管他表情和動作之
後的東西。文學因此如同丑角一樣，完全是一
種能指遊戲，擺脫了表達眞理的包袱，進而走
向一種「本文的愉悅」。德‧曼、米勒、哈特曼
等人在這方面也多有論述，在他們心目中，文
學不僅應當從哲學中解放出來，也應當從宗
教、美學、人類學等學科中解放出來，從而成
爲眞正的「遊戲」。

二、人的死亡

　　如我們在第二章所說的，二次大戰以後主

宰法國思想界的是一股人道（人本）主義思想，
而從六十年代中期以後，結構主義以反人道主
義的面目登上思想舞台，明確地宣布：人死
了，主體死了，作家死了！如此等等。解構思
潮的奠基人德希達作爲一個由結構主義陣營中
走出來的人，對於這一宣言無疑是贊同的，然
而他並沒有明確地主張以反人道主義對待人道
主義，不是簡單地斷言人已經死亡，而是在傳
統哲學著作中讀解出人正走向死亡。

　　存在主義和結構主義都面對著傳統哲學本
文，它們大體上閱讀了相同的本文，即黑格爾、
馬克思、尼采、佛洛依德和海德格的本文，但
它們讀出了截然不同的東西來。西方文化傳統
大抵上可以稱之爲一種理性的人道主義（人本
主義），存在主義從傳統上讀出人道主義來，並
將這種人道主義向非理性主義方向逆轉，它表
現爲人道主義立場內部的一種反叛，或者說它
是人道主義的極端化。而結構主義只讀出了無
主體的「理性」和「法則」，它要求人們從「人
道主義和人類學的迷夢中醒來」。德希達認爲

如上兩種閱讀方式實際上都屬於傳統的二值閱
讀，各自傾向於二元對立中的一極。存在主義
強調了人的自主性，結構主義強調了結構的客
觀性，二者看起來是無法通達的。而德希達尋
找到了一種溝通兩者的方法：從結構主義中讀
出人和人道主義來，而從存在主義中讀出非人
和反人道主義來。

　　在《人文科學話語中的結構、符號與遊戲》
中，德希達主張結構和符號應當向遊戲開放，
由於「人」也屬於人文科學話語的重要內容，
人也因此應當向遊戲開放。結構主義對人文科
學話語的理解仍然帶有傳統閱讀的烙印，它仍
然希望尋找到不受自由遊戲影響的眞理或本
源，因此，儘管它反對傳統人道主義，它所反
對的仍然只是舊的人道主義，它實際上仍然帶
著某種期待，例如，德希達指出，李維斯陀希
望從人種學（ethnology）中「尋找到一種人道
主義的靈感」。德希達所代表的批評性閱讀，則
肯定自由遊戲，「試圖超越人和人道主義」。按
德希達的理解，結構主義對結構和意義的強

調，不可避免地停留在「在場的形而上學」之內，因此擺脫不了傳統人道主義（主體形而上學、意識的優先性）的陰影。許多研究者都同意德希達的看法；傅柯的反人道主義只不過是期望以一種「更好的人道主義」取代「天真的」舊人道主義。

　　德希達認為，存在主義也並非「完整的人道主義」，它實際上是向反人道主義開放的。德希達的看法是，沙特等人「對黑格爾、胡塞爾和海德格的人類學閱讀在其著眼點上是錯誤的，是最嚴重的錯誤」。就黑格爾而言，其《精神現象學》並非一定與存在主義所說的「人」聯繫在一起，他的依據是，「精神現象學」是關於意識的「經驗科學」，是關於「精神自身與自己相聯繫的現象性之結構的科學」，它與人類學「嚴格地區別開來」。存在主義從胡塞爾的現象學出發，但德希達認為，現象學的主旨是批評人類學的，不僅批評「經驗人類學」，而且批評「超驗人類學」，其最終目標是描述沒有主體的意識結構。存在主義者海德格對沙特將他的

學說人道主義化公開表示過不滿，聲稱從《存在與時間》起，他一直就是反人道主義的，人類學和人道主義不是他的思想的媒質。

　　德希達在兩種明顯對立的思潮中找到了可通融之處。這實際上表明，人這個東西（概念）在傳統本文中是可變的，非靜止的，是包容性很強的。德希達的基本立場是發現本文中的模稜兩可的人的概念，藉以表明，傳統意義上作爲主體的人及其概念在自身解構著，在趨向消失（死亡）。

　　德希達關於人的看法可以用「人的終結（目的）」（The End of Man）這一有歧義的詞組表達。他玩弄遊戲，認爲人介於兩種end之間：人達到目的了，因而終結了；人終結了，因而達到目的了；人的終結和人的目的或人的目的和人的終結。如上的看法是沒有什麼先後順序的，它實際上遵循了我們在第一章中所說的「新邏輯」，根據這種邏輯，在存在主義的閱讀方式（人是目的）和結構主義閱讀方式（人已經終結）之間不存在非此即彼的選擇。它同時承認

兩者，又超越它們。

　　正是根據這種新邏輯，德希達重讀了黑格爾、胡塞爾和海德格等人的著作。

　　德希達認爲，在消除了對黑格爾《精神現象學》的完全人道主義閱讀的「混亂」後，必須承認，「現象學」與「人類學」的確是有關係的。「精神現象學」前繼人類學，後啓心理學。人類學探討的是心靈的發展史，這一發展完成了心靈，同時又向意識開放。人類學的最後一章界定了意識的一般形式，而現象學正是由這一般形式出發的，這樣，「意識，也即現象學的意識乃是心靈的眞理，而這一眞理恰恰是人類學的對象。意識是人的眞理，現象學是人類學的眞理」。如上引文乃是關鍵之所在。我們在「現象學」中不是簡單地承認了人，「意識是人的眞理」並不僅僅是一個人學命題。根據黑格爾的觀點，在其《邏輯學》的範疇推演進程中，後面的範疇總是比前面的範疇在內容上更豐富，更具體，因而更具眞理性。這表現爲後面的範疇揚棄了前面的範疇。於是，意識是對人

的揚棄，現象學是對人類學的揚棄。顯然，黑格爾的「揚棄」概念成了解構的突破口。人被揚棄了，旣意味著「人的終結，人的過去」，也標誌著「人的成就，人對自己的本質的佔有」，也就是說，人介於兩種end之間，是「死和完成的統一」。

德希達認爲，在胡塞爾的思想中，end概念同樣具有決定性意義，「人的終結（事實上的局限性）是從人的目的（目的開放性和無限性）這一優勢地位加以思考的」。人仍然停留在這種垂死的模稜兩可狀態中。

海德格的「人學」尤其受到德希達的關注。海德格以「此在」(Dasein)取代了主體的地位，並由之衝破主體形而上學。但是此在作爲提問者仍然具有優先性，因此又不可能徹底擺脫形而上學，儘管他在一定程度上限制了人道主義，卻仍然關注人的命運。這樣，此在就具有了奇特的性質，不能將他簡單地等同於人，他不是形而上學意義上的人；但他實際上又不是人之外的什麼。因此，此在概念旣包含著衝破

傳統形而上學的努力（遊子），却又很容易向傳統的「人性」回歸。這如上閱讀仍然回到兩種end中去。此在的「在此」特徵表明，人沒有達到自己的本質（目標或存在，存在即本質），但是，人作為存在之提問者的優先性表明，人又是最接近存在（本質、目標）的。人的命運與思考存在聯繫在一起，思考在此即體驗，只有面對死亡時，人才最終體驗到存在，「人的目的是對存在的思考，人乃是思考存在的目的，人的目的（終結）乃是思考存在的目的（終結）」。顯然，人仍然處於兩種end之間。

德希達不僅玩人的概念的遊戲，他還玩弄實實在在的人的遊戲。蘇格拉底就是他的玩物之一。蘇格拉底述而不作，人們對他的思想和生平爭議很大，人們爭論不休的是他的「本來面目」是什麼。德希達不願陷入紛爭，他只把蘇格拉底當作一劑「藥」，藥可能有益，可能有害，因而就不可能有固定的形象，而這完全類同於蘇格拉底；有些人將他看作是道德家、追求智慧的人和知識的接生婆，另有些人則將他

看作是智者、術士、放毒者，騙子。以致德希達提出，「蘇格拉底是這樣一種存在，沒有什麼無矛盾地界定的邏輯可以包容之」。蘇氏是一個反反覆覆、難以捉摸的人，是玩對立面轉化遊戲的高手。

　　蘇格拉底或許是玩「藥的遊戲」玩得太過火了，最後被迫「藥死」自己（飲鴆而死）。但是，死亡並未阻止遊戲的繼續，相反，它讓遊戲益發進入高潮，兩千多年後的今天，德希達玩得更帶勁了。德希達認爲，蘇格拉底不僅是Pharmakeus（術士、魔法師、放毒者），而且是一個Pharmakos。在現代語言中，以術士、魔法師、放毒者譯Pharmakeus，使人們忘掉了該詞與Pharmakos的索連。Pharmakos除上述含義外，還包含一個令人震驚的含義，即替罪羔羊（scapegoat）。德希達的解釋似乎也「順理成章」。蘇格拉底和靑年們交流，其言詞就像施用了巫術和魔法，讓靑年們迷狂，於是被控告爲毒害靑年，因而犯了罪，並成爲替罪羔羊。替罪羔羊被用於城邦的消災免難。他本爲城邦

從犯人或無用的人中選出來加以豢養（因而屬
於內部），却代表著外來力量或災難（因而屬於
外部）；它本來屬於有害的東西，獻祭他却可以
消除災難。替罪羔羊顯然是一劑沒有本質的
藥，「他是有益的，因爲他治療；他是有害的，
因爲他代表罪惡的力量」。

　　蘇格拉底這個道學家，這個「公正、善良、
純潔」的人，却作了替罪羔羊，這正表明了蘇
格拉底並非純潔，他是一劑包含各種後果的
藥。蘇格拉底是西方理性主義和道德主義的開
啓者，但同時却又是其逆子和棄兒（掘墓人和
墓主）。這是蘇格拉底的命運、西方人的命運，
也是邏各斯的命運。

結　語

　　在前面章節中，我們概略地分析了解構理論的基本特徵和基本內容，在此基礎上，我們將簡單地分析一下它的社會效應及其給予我們的啓示，以之作爲結論。

　　首先，我們應當明瞭，解構理論反映了當代西方理智生活的基本傾向。它從哲學和文學理論領域向外擴散，逐步滲透到了繪畫、建築、音樂、雕塑、電視、錄影、舞蹈、美學、心理分析等領域，是後現代主義 (post-modernism) 的中堅力量和集中反映。

　　「後現代」這一術語首先作爲一種批評術語出現於三十年代，在四、五十年代有一些應

用，同時也引起了一些爭議。該時期主要是從
否定的立場使用的，用於描述文學作品對消極
面和陰暗面的揭示：權威中心的腐敗、風俗禮
儀的墮落、傳統社會關係的瓦解、社會的極度
畸形、人性的飄忽不定，如此等等。到六十年
代，隨著反文化思潮的出現，開始將其作為一
種積極的概念使用，標誌著青年們與現代主義
作家的「精英意識」的決裂。他們主張文學走
向大眾化和世俗化，提倡反藝術、反嚴肅的通
俗小說。七十年代以來，後現代觀念則開始滲
透到各種文化領域，人們從情感上和態度上都
有了改變，開始承認它的合法性，從而標誌著
後現代社會的來臨。

　　哈山（Hassan）和李歐塔（Lyotard）等
人吸收結構主義和後結構主義的許多觀念，把
「後現代主義」發展為一個越來越具有包容性
的概念。他們一般都將德希達看作後現代主義
哲學的著名代表，而「耶魯學派」則是後現代
主義文學理論的典型代表。在哈山看來，後現
代主義有如下的幾個特徵：(1)不確定性；(2)零

亂性；(3)非原則化；(4)無我性、無深度性；(5)
不可表現性；(6)反諷；(7)種類混雜；(8)狂歡；
(9)表演性；(10)構成性；(11)內在性。這十一點，
除第十點外，可以全部包括在解構理論之內。
李歐塔把後現代定義爲「針對無敍事的懷疑態
度」。例如後現代文學就是一種破壞敍事（nar-
rative）的文學，一種致力於以其自身的兩難
（aporias）來揭示不可表現之物的文學，它同
時是一種表演性和「活動經歷」的文學。這與
解構批評的觀點也是大同小異的。

　　在後現代繪畫中，許多畫家都傾向於摒棄
結構，不要筆法，不要輪廓線，不要明暗層次，
不要表現時間和空間，不要活動態勢，不要主
體，不要客體，不要素材。他們在畫布上亂塗，
或者抹成一片漆黑，或者畫些簡單的幾何圖
形。空白、虛無，支離破碎是其特徵。另外一
些畫家則把從前的經典作品隨意嫁接，讓一幅
畫中有許多畫家的個人特徵在其間閃爍，從而
破壞掉統一的視覺效果。這乃是繪畫中的解構
特徵。

　　在後現代音樂方面，出現了許多新的音樂
類型，例如偶然音樂或機遇音樂、電子音樂、
概念音樂。在偶然音樂中，一個例子是，一首
曲譜寫在幾張紙上，讓琴師隨便地拼貼彈奏。
電子音樂是讓噪音登上音樂舞台，樂音與非樂
音的區別喪失了。概念音樂是根本沒有聲音，
而只有想像，例如作曲家給鋼琴師一個概念指
示：任意彈奏一個音，繼續彈奏，直到你感到
應該停下來爲止。這不能不說是解構理論在音
樂上的例證。

　　在建築方面，八十年代後期以來，西方建
築界明顯地受到解構理論的影響，並形成了由
少數人構成的一股解構建築運動。十分有趣的
是，出現了哲學家和建築師共同策劃設計的情
況，例如德希達與埃森曼 (Eisenman) 的合作。
埃森曼將巴爾特關於「作者之死」和「本文的
愉悅」的觀念、德希達的「消解結構」和「分
延」觀念在建築上進行了絕對的展開，提出了
「否古典的」、「反構圖的」、「反中心化」、「非
延續性」的建築觀念，空白和虛無的設計佔有

凸出的地位。解構建築的其他代表作是蓋利（F.
Gehry）的魚型建築和屈米（B. Tshumi）的「癲
狂」系列。德希達專門寫了關於屈米的建築評
論。解構建築現在已經獲得了認可。正如美國
建築師、建築評論家詹克斯（Jencks）所說的：
「一種解構性質的、反社會的建築同樣擁有極
大的生存權，就如同它在藝術、文學和哲學中
的地位一樣。」

　　　最值得注意的是，自然科學實際上也正在
向解構遊戲開放。美國學者麥雷爾（F. Merrel）
以邏輯學、數學和新物理學的一些例子表明，
解構的基本原則及其分延、痕跡等觀念在自然
科學中有其例證，這樣，解構就走出了「人文
科學話語」的狹窄圈子。

　　　凡此種種，解構的觀念實際上已經滲透到
西方社會文化生活的各個領域，因而值得思考
和研究，對於其進一步發展，我們拭目以待。

　　　其次，我們應當明瞭，解構理論在中國影
響雖然還不深入，但也值得關注。解構理論是
否對於東方各國，尤其是我國有效應呢？德希

達事實上對中國是不瞭解的，他的整個工作是
在讀解西方文化，東方文化最多只有工具價
值。按他的說法，在西方的理性主義和東方的
神秘主義之間的關係是複雜的，西方人眼中的
東方文化也是西方式的。在《論文字學》中，
他曾分析了笛卡爾和萊布尼茲（Lebniz）對中
國漢字和埃及象形文字的借鑒。萊布尼茲主張
建立一種不受聲音限制的意義不變的普遍文
字，認爲漢字獨立於聲音，獨立於歷史，適合
於哲學，因此可以作爲藍本。但德希達指出，
萊布尼茲終歸是一個理性主義者，逃不出邏各
斯中心論之外。因此整個來說，只不過是一種
歐洲幻覺，是一個誤解，不管他對漢字有沒有
瞭解，都會必然地產生這種想法。這就表明，
解構西方文化，並不是要引進一種文化，而應
當從自己內部進行顛覆和置換。因此，解構理
論並不關心中國文化的命運。

　　但是，這並不表示解構理論就不能被接受
過來，用以解釋中國的傳統文化。解構理論旨
在顛覆兩極對立中的等級制，按德希達的理

解，西方文化是邏各斯中心論的，包含著聲音
對書寫的壓制，解構就意味著塡平兩者間的等
級，並以書寫爲基礎，重寫西方文化。他也說
過，如果歷史上是書寫壓制聲音，就應當名之
爲「書寫中心主義」，解構的目標就會反過來。
那麼中國文化中的等級制度的性質如何？應當
如何解構？西方理性文化向神話、非理性因素
開放，中國作爲神秘主義文化（按西方人的理
解）是不是應當向理性主義開放？這是就「總
原則」而言。就具體細節而言，中國文化明顯
地包含著自身解構的特質。清代文人以文字遊
戲反抗當局，而當局大搞文字獄，都是基於漢
字的自身解構性。這些情況說明，中國文化是
可以接受「解構」的。

　　實際上，近年來後現代的許多觀念、解構
理論的許多觀念，已經在我國學術界引起廣泛
探討和爭論。而在文學、藝術界「效顰」者更
是日益增多，對於大衆的影響也日益加深。搖
滾樂和通俗文學引起的轟動效應或許是吾國
「後現代社會」來臨的前兆。當然，中國總體

上還處於向現代文明邁進的過程，因而後現代
的影響尚未廣泛滲透。但是，後現代文化無疑
是對現代文明的反思和未來的展望，當我們在
追隨西方的現代化進程時，不僅在技術上，也
應該在文化上汲取其經驗教訓，這樣，或許我
們可以避免許多消極的方面。這正是我們研究
解構理論的實際意義。至於台灣社會目前受到
後現代及解構觀念的影響，不論是在文學、繪
畫、戲劇、音樂、建築、舞蹈……各方面，處
處可見，則不用我們在此多說了。

　　第三，解構理論為我們提供了一種對待傳
統文化以及中西文化關係的新方法和新視野。
我們過去總是停留在「非此即彼」的簡單立場
上。我們首先判斷傳統文化是好是壞，進而或
擁護或反對之，擁護就「愛烏及屋」，反對就「殃
及池魚」。我們首先判斷西方文化是好是壞，進
而或引進或抗拒之，要麼全盤西化，要麼閉關
鎖國。在現代中國著名的「科玄大論戰」中，
玄學派主張的就是全盤堅持中國傳統，而科學
派基本上主張全盤西化。但是，如果我們站在

解構的立場看，不管是傳統文化還是西方文
化，都是一劑性質未定的「藥」，對於當代中國
人究竟產生良性還是有害的影響還很難說。這
樣，我們就不會簡單地堅持對立中的一極，而
是重新進行文化整合，尤其是在中國的實用理
性中嫁接西方的科學理性，兩種觀念的結合會
產生新的文化特質。

參考書目

㈠英文部份

1. Derrida Jacques, *Writing and Diffe-rence,* Routledge & Kegan-Paul, 1978.
2. Derrida Jacques, *Of Grammatology,* The Johns Hopkins University Press, 1976.
3. Derrida Jacques, *Margins of Philoso-phy,* The University of Chicago Press.
4. Derrida Jacques, *Dissemination,* The

University of Chicogo Press.

5.Demida Jacques, *Of Spirit,* The University of Chicago Press.

6.Derrida Jacques, *Signéponge/Signsponge,* Columbia University Press, 1984.

7.de Man Paul, *Blindness and Insight,* University of Minnesota Press, 1983.

8.de Man Paul, *The Resistence to Theory,* Edited by W. Goldzich, University of Minnesota Press, 1986.

9.de Man Paul, *Allegonies of Reading ,* Yale University Press, 1979.

10.*Deconstruction: A Critique,* Edited by Raznath, Macmillan, Inc. 1989.

11.Ellis John M, *Against Deconstruction,* Princeton University Press, 1989.

12. Merrell Floyd, *Ueconstruction Reframed,* Purdue University Press, 1985.

13.Selden Raman, *A Reader's Guide to Contemporary Literary Theory,* The

University Press of Kentucky, 1983.

14. *Contemporary French Philosophy,* Edited by Phillips Griffiths, Cambridge University Press, 1987.

15. Ferry Luc and Renaut Alain, *French Philosophy of the Sixties,* The University of Massachusettes Press, 1990.

16. Jonothan Culler, *On Deconstruction,* Routledge & Kegan-Paul Press, 1985.

17. Frye Northrop, *Anotomy of Criticism,* Princeton University Press, 1971.

18. Foucault Michel, *The Order of Things,* Vintage Books, 1973.

19. Rorty Richord, *Cuntingency, Irony and Solidarity,* Cambridge University Press, 1989.

20. Ranson John C, *The New Criticism,* Greenwood Press, Inc. 1979.

(二)中文部份

1. 王逢振、盛寧、李自修編，《最新西方文論選》，漓江出版社，1991。

2. 伊格爾頓著，王逢振譯，《當代西方文學理論》，中國社會科學出版社，1988。

3. 王岳川、尚水編，《後現代主義文學與美學》，北京大學出版社，1992。

4. 哈羅德・布魯姆著，徐文博譯，《影響的焦慮》，三聯書店，1989。

5. 佛克馬・伯斯頓編，王寧、顧棟華等譯，《走向後現代主義》，北京大學出版社，1991。

6. 杰斐遜・羅比等著，盧丹懷、謝天蔚等譯，《當代國外文學理論流派》，上海外語教學出版社，1991。

7. 詹・弗蘭著，王繼同等譯，《來自語詞的世界》，安徽文藝出版社，1992。

8. 喬・卡勒著，盛寧譯，《結構主義詩學》，中

國社會科學出版社，1991。

9.卡勒爾著，方謙譯，《羅蘭‧巴爾特》，三聯書店，1989。

10.傅柯著，孫叔強、金築云譯，《癲狂與文明》，浙江人民出版社，1990。

11.托多洛夫著，王東亮、王晨陽譯，《批評的批評》，三聯書店，1988。

12.羅蘭‧巴爾特著，董學文、王葵譯，《符號學美學》，遼寧人民出版社，1987。

13.索緒爾著，高名凱譯，《普通語音學教程》，商務印書館，1985。

14.布洛克曼著，李幼蒸譯，《結構主義莫斯科—布拉格—巴黎》，商務印書館，1987。

15.特‧霍克斯著，瞿鐵鵬譯，《結構主義和符號學》，上海譯文出版社，1987。

16.張京媛主編，《當代女性主義文學批判》，北京大學出版社，1992。

17.理查‧羅蒂著，李幼蒸譯，《哲學和自然之鏡》，三聯書店，1987。

18.海德格著，陳嘉映、王慶節譯，《存在與時

間》，三聯書店，1987。

19.沙特著，陳宣良等譯，《存在與虛無》，三聯
書店，1987。

20.馬馳著，《叛逆的謀殺者》，中國人民大學出
版社，1990。

21.張隆溪著，《二十世紀西方文論述譯》，三聯
書店，1986。

22.胡經之、張首映主編，《西方二十世紀文論
選》，第二卷，中國社會科學出版社，1989。

・文化手邊冊 9・

解構理論

作　　者／楊大春

出　　版／揚智文化事業股份有限公司

發 行 人／林智堅

副總編輯／葉忠賢

責任編輯／賴筱彌

登 記 證／局版臺業字第 4799 號

地　　址／台北市新生南路三段 88 號 5 樓之 6

電　　話／(02)366-0309　　366-0313

傳　　真／(02)366-0310

郵　　撥／1453497-6

印　　刷／偉勵彩色印刷股份有限公司

法律顧問／北辰著作權事務所　蕭雄淋律師

初版四刷／1997 年 7 月

定　　價／新臺幣：150 元

南區總經銷／昱泓圖書有限公司

地　　址／嘉義市通化四街 45 號

電　　話／(05)231-1949　　231-1572

傳　　真／(05)231-1002

國立中央圖書館出版品預行編目資料

解構理論＝Deconstruction／楊大春著. －－初
　版. －－臺北市：揚智文化, 1994 ［民83］
　　面； 公分. －－（文化手邊冊；9)
　ISBN 957-9091-74-9（平裝）

　1.哲學－西洋－現代(1900－　　　)

143.89　　　　　　　　　　　　　　83006551